新手父母

24組研究主題 ╳ 51個科學遊戲

科學玩很大②

〔暢銷修訂版〕　でんじろう先生のわくわく！自由研究

1週做1個生活實驗，煉出愛觀察、懂思考、勇於探索的科學腦！

目錄

把硬幣變得 bling bling

哇，發現了一枚亮晶晶的 1 元硬幣耶！
其實，舊硬幣都曾經有過閃閃發亮的模樣，
只是長時間使用，很難逃過烏漆媽黑的命運。
用點小技巧，很舊很舊的硬幣也能恢復光鮮亮麗，
準備好了嗎？一起來讓舊硬幣改頭換面吧！

哪些材料能讓硬幣改頭換面？

以下是家裡常見，可以用來清潔的物品，
猜猜看，哪些能成功除掉硬幣上的汙垢呢？

●廚房清潔劑

●洗碗精

●鹽水

●碳酸飲料

●漂白水

●肥皂

●醋

研究重點看過來

　　依照汙垢的性質，清除的方式也會不同。1元硬幣上的髒汙大部分是因為生鏽而造成。這個實驗，可著重在比較「清潔前」與「清潔後」的差異，如此一來，就能得到結論了。

▶▶▶ 用各種東西清潔硬幣

收集幾枚髒汙程度差不多的 1 元硬幣。實驗用品為液體（如鹽水），就把硬幣浸泡一會兒，再撈起擦拭。如果是像肥皂或洗衣粉等固體或粉末，就塗抹在硬幣上，再擦拭乾淨。

準備材料

清潔硬幣髒汙能派上用場的物品、紙杯、棉線、封箱膠帶、油性筆、海綿（清潔擦拭時使用）

為了更清楚顯示實驗前後的差異，做實驗時，硬幣只要清潔半邊。

 實驗前的硬幣一定要先拍照，記錄原本的模樣。另外，依清潔用品的特性，有些硬幣經過一段時間可能會變色，所以，實驗結束後，也要立即拍照保留證據喔！

 記錄實驗結果，並做成表格。在實驗過程中有其他發現或任何值得注意的事，也要記下來。

註 要使用家裡用品前，一定要經過家人許可，或與家人一起做實驗。有些東西不能直接用手觸碰（如清潔劑、漂白水），使用前要戴上橡膠手套。

浸泡硬幣（液態材料）

① 用封箱膠帶把棉線緊緊黏貼在硬幣背面。棉線的長度大約是紙杯高度的 1.5 倍。

② 把硬幣懸吊在紙杯內（硬幣邊緣稍微碰觸到杯底），再用封箱膠帶把連接硬幣的棉線固定於紙杯外側。

③ 將實驗用的液體倒入紙杯，淹過硬幣的一半。接著，在紙杯外側用油性筆寫下液體的種類與開始浸泡的時間。

④ 將硬幣浸泡在清潔材料裡約 30 分鐘，持續觀察硬幣的狀態。

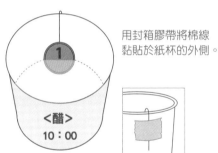

用封箱膠帶將棉線黏貼於紙杯的外側。

<醋>
10：00

清潔並擦拭硬幣（固態材料）

拍照時，要先把硬幣從紙杯中取出後再拍。

① 像是洗碗精或肥皂等物品，可以直接塗抹在硬幣的表面。

② 用紙膠帶或膠帶黏住硬幣半邊做防護，只需清潔另外半邊。

③ 如果要使用海綿來擦拭的話，記得把海綿的種類記錄下來。

< 例 > 浸泡硬幣 30 分鐘

結果 \ 方式	變乾淨的程度	值得注意的事
醋	◎	髒汙立即脫落
食鹽水	△	:
:	:	:
:	:	:

< 例 > 清潔擦拭硬幣（約 1 分鐘）

結果 \ 方式			變乾淨的程度	值得注意的事
海綿的種類	菜瓜布	肥皂	◎	:
		洗碗精	:	:
	柔軟海綿	肥皂	:	:
		洗碗精	:	:

一邊和家人朋友討論，一邊嘗試各種清潔方式。實驗時間與清潔用品等條件都相同，才能進行比較。此外，像清潔劑或洗髮精等，成分可能不盡相同，也要記得把成分記錄下來。

5

(2) ▶▶▶ 酸性物質讓硬幣超閃亮

使用酸性物質的話，硬幣上的髒汙會以什麼樣的方
式脫落呢？試著挑戰看看吧！

> 我可以喔！

準備各種酸性物質

將硬幣浸泡在醋、檸檬汁等酸性液體中，
別忘了仔細觀察硬幣變乾淨的過程。
醋與檸檬汁也可細分為許多種，要盡量多嘗試喔！

> 我們也可以喔！

註 請勿食用實驗中所使用的醋與檸檬汁等。

酸性物質＋鹽

把上述實驗中，能將硬幣清潔到最乾淨的酸
性物質加入鹽後，再與原本的酸性物質一起
進行實驗，並比較結果。

> 加入鹽巴

延長浸泡時間又會如何呢？

如果延長浸泡的時間，會發生其他的變化嗎？試著浸泡 1 小時、3 小時、
6 小時，並觀察硬幣是否會因為浸泡時間拉長，而變得更乾淨？記得把浸
泡過程中的硬幣狀態記錄下來。

硬幣變乾淨之後的其他變化

硬幣浸泡過「酸性物質」與「酸性物質＋鹽」之後，要先擦拭
掉表面的水分。接著，觀察硬幣放置一段時間後，會產生什麼
其他變化。一邊注意時間，一邊記錄硬幣的狀態吧！

> 花點心思製作簡潔易懂的表格，
> 更容易比較出實驗的結果。

> 為了了解硬幣的變化，實驗前後都要記得拍照記錄。如果擔心忘記拍攝的照
> 片是做哪一項實驗，不妨在把實驗名稱寫在紙條上，放在硬幣旁一起拍。

硬幣看起來髒髒的，是因為生鏽的關係。做實驗的過程，可能會有意想不到的變化。但不見得每次
實驗都能讓硬幣立刻變乾淨，也可能清潔後沒多久又生鏽也說不定。
利用檸檬酸※進行實驗時，不妨比較不同濃度的檸檬酸，分別可以將硬幣清潔到什麼樣的程度。若
發現硬幣似乎沒什麼變化的話，就稍微提升檸檬酸濃度，重新進行實驗。

※**什麼是檸檬酸？** 就是檸檬等柑橘類水果中所含的成分，也常添加於果汁中，當作酸味劑。

傳治郎老師指導
統整 · 歸納 · 結論

想 想看，能讓硬幣變得亮麗如新的物品，有什麼共通點？另外，當硬幣恢復亮麗後，直接放置於空氣中、經過一段時間，又會變得怎麼樣呢？

其實，想清除硬幣上的髒汙（＝銹垢），不能光靠酸性物質（檸檬酸），在酸性物質中加入鹽，效果更好。說到又酸又鹹的東西，應該就屬酸梅了吧。

利用酸梅摩擦硬幣表面，就像是同時使用酸與鹽般，可以達成清潔硬幣的目的。當然，實驗過程中有想到任何不錯的點子，都一定要直接進行看看唷！

這個章節以清除硬幣的銹垢做開端，之後的〈銹的研究〉（P.48）就能更透徹了解。

更多的 實驗&觀察

用檸檬酸來清潔 !! 是非常環保的方法

用檸檬與酸梅等酸性物質的酸性來源「檸檬酸」，試著進行清潔家中物品的工作吧！

檸檬酸不僅可以清除水垢與皂垢等鹼性物質，還具有抑菌的作用。而且不會產生像檸檬或醋等刺鼻的酸味，藥局或五金百貨行就能買到。

檸檬酸也會添加在許多食品中，所以可說是非常安全又環保的物質。

＊清除熱水瓶中的水垢
在熱水瓶中裝入熱水，放入 1 小匙的檸檬酸。只要等待 1 小時左右，熱水瓶中的水垢，就會自行脫落了。

＊清除臉盆中的皂垢
將廚房紙巾平貼放置於臉盆，再將檸檬酸噴灑於廚房紙巾上，等待 30 分鐘以上，再利用廚房紙巾擦拭臉盆就能順利清潔乾淨。

【檸檬酸噴灑液的製作】
以1杯水加入1小匙檸檬酸的比例，均勻攪拌讓檸檬酸溶解於水中。將檸檬酸液體倒入噴霧器中，使用起來更方便。

為什麼會有彩虹呀？

大雨過後，天空中會出現漂亮的彩虹喔！
橫跨在藍天的七彩拱橋，真的美得不可思議。
但有時在玻璃杯的倒影中，也能看見彩虹，
到底為什麼會有「彩虹」這種現象呢？

在這些地方會發現彩虹蹤影！

哇嗚！
發現彩虹！

似乎是光線造成
的現象。但為什
麼會出現七種顏
色呢？

●吹泡泡

肥皂水吹出的泡泡上，
閃耀著彩虹的光芒！

●用水管灑水

利用水管往空中灑水，就
會看到彩虹現身喔！

●腳踏車停車場

當陽光照射到腳踏車車輪上的透明反射
板，就會出現小小的彩虹！

研究重點看過來

　　雖然陽光看起來無色且透明，但七色的彩虹確實是由於太
陽光的照射才產生的現象。那麼，彩虹的色彩與出現順序，
會因為製造彩虹的方式、或光線強弱等不同而有所改變嗎？
　　利用彩色鉛筆畫圖或拍照，把眼前看到的色彩記錄下來。
然後，開始進行這次的彩虹研究計畫吧！

實驗 ① ▶▶▶ 當彩虹的製造者與觀察者

利用手邊現有的東西,製造彩虹並仔細觀察。
思考一下,彩虹成功出現與彩虹未能出現時的差異是什麼?
除了噴霧器和透明原子筆筆管,還能用什麼東西來製造彩虹?
什麼樣的物品比較容易製造出彩虹呢?

利用噴霧器製造彩虹

準備材料　水、噴霧器(3 個以上大小相同的噴霧器)

找個天氣好的日子,到戶外用噴霧器製造彩虹吧!嘗試觀察「當太陽位置在灑水者的背後或前方時,製造出來的彩虹是否會有差異」,還有「噴灑時的水量」與「同時間使用幾支噴霧器」等,是否也會對彩虹的形成方式造成影響。

除此之外,也在陰天進行同樣的實驗吧!做看看,才知道會出現什麼樣的差異。

利用原子筆製造彩虹

準備材料　筆管透明的原子筆、黑紙

讓穿過透明筆管的陽光,映照在下方的黑紙上,就能看見彩虹了。

嘗試將原子筆旋轉各種不同方向,把最能看清楚彩虹的角度與光線的位置,詳細地記錄下來。

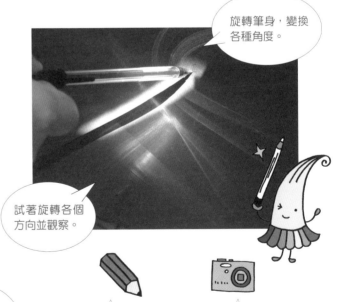

> 旋轉筆身,變換各種角度。

> 試著旋轉各個方向並觀察。

> 光線經過透明筆管後,會因為折射而出現彩虹!

> 將觀察到的現象畫成圖畫或製作表格。

> 成功出現彩虹的話,記得拍照記錄喔!

照片可能因為列印或螢幕不同而有色差問題,用畫的來記錄也是不錯的方式!

9

實驗

(2) ▶▶▶ 用寶特瓶和手電筒製造彩虹

不只是太陽光能製造彩虹，其實利用手電筒的光線也可以喔！

嘗試用手電筒製造彩虹，然後與陽光製造的彩虹比較看看，出現的色彩與顏色的排列順序是否一樣呢？

準備材料 寶特瓶、水、鋁箔紙、橡皮筋、刀片、手電筒（盡量選擇光線較強的款式）

❶ 將鋁箔紙裁切成能夠完全罩住手電筒的大小，並在正中央切割出一道割痕。將鋁箔紙罩住手電筒，並用橡皮筋固定。

❷ 把寶特瓶的水裝滿，並蓋上瓶蓋。

❸ 將手電筒放在寶特瓶側邊，打開手電筒開關，讓手電筒的光線照射在寶特瓶上。

❹ 讓手電筒的光線通過寶特瓶，再投射於白色牆壁或白紙上，同時試著改變角度，來製造彩虹。

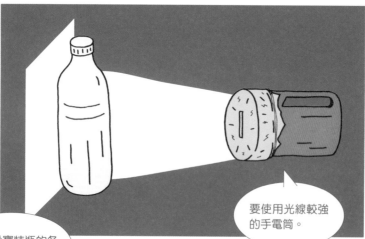

盡量在陰暗的場所進行實驗，會看得更清楚唷！

要使用光線較強的手電筒。

試著從寶特瓶的各個角度照射。

試著改變實驗條件，比較不同條件之下，彩虹的形成狀況，並將結果畫出來或製作表格記錄。

＊試著「改變光線照射的角度」

＊試著「調整鋁箔紙的割痕區塊大小」

＊試著「變換手電筒的光線強度」，或改用其他的手電筒來做實驗

如果寶特瓶中沒裝水，結果又會如何呢？

傳治郎老師指導
統整 · 歸納 · 結論

★成 功製造出漂亮的彩虹了嗎？

　　記得把實驗結果，用照相或圖畫的方式呈現與記錄。

　　即使肉眼看起來是沒有顏色的光線，其實是由各式各樣的色彩組合而成的光喔。不論陽光或手電筒的光，都是如此。

　　在陽光下，使用噴霧器噴灑水珠，是為了營造「雨過天晴」的狀態。空氣中的水珠照射到光線後，就會藉由折射而產生由七種色彩組成的光。原子筆與寶特瓶的實驗，原理也相同，都是利用光線的折射與反射，來製造彩虹。

　　由於色彩不同，光線折射的角度也不一樣，肉眼所見的色彩大致上可分為七種，不過，彩虹可是紅色與紫色間的數百萬種色彩所組成的。

　　還想知道更多光線折射效果的話，務必要試試使用稜鏡來觀察彩虹的模樣喔！

更多的
實驗 & 觀察

＊稜鏡
稜鏡是以透明玻璃或壓克力樹脂製成的三角柱狀物體，可以用來折射光線。

一定要試試看喔！

科學知多少 ?! ❶

霓

虹

■關於彩虹的小知識 —— 雙重彩虹

　　在雨過天晴的天空看見彩虹時，是否有注意到在彩虹的上方，還有另外一道比較不明顯的彩虹呢？像這樣的雙重彩虹，位於內側的被稱為「虹」，位於外側的則被稱為「霓」。

　　虹是由於空氣中的水珠被光線折射 1 次所產生，而霓則是水珠被光線折射 2 次所產生的現象。跟虹比較起來，霓的顏色比較淡，而且色彩的排列順序正好與虹相反。

　　如果有機會看見雙重彩虹的話，一定要記得拍下來，並仔細觀察唷！

不可思議的表面張力

下雨過後，葉面上常會有好多圓滾滾的小水珠。
咦？水珠明明就是液體啊，為什麼不會滲透葉子，
反而是直接附著在葉子的表面呀？
還有，水珠是在什麼時候變得圓滾滾的呢？

找出身邊的圓形小水珠

在家裡或走出戶外，找找看圓滾滾的小水珠吧！

● **不小心打翻杯子溢到桌面的水**

> 被打翻的水不會擴散，而是呈現圓形！

● **下過雨後，樹枝上聚集了快滑落的水滴**

> 一連串圓滾滾的雨滴，就像是項鍊一樣呢！

● **從冰箱取出的寶特瓶上出現水滴**

> 好多好多的水滴，變成了一粒粒水珠附在瓶子上！

● **沒關緊的水龍頭**

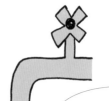

> 滴滴答答的水流，變成圓滾滾的水珠滴落！

研究重點看過來

類似水的液體，一旦觸碰到物體就會盡量使表面積縮小，因而變成圓滾滾的形狀。這就是所謂的表面張力。

好比在快要滿出來的杯子裡，如果再倒入更多的水，在幾乎要裝不下的狀態下，水面會呈現往上凸的形狀，這也是因為表面張力所導致的現象。

至於，表面張力究竟能發揮到什麼樣的程度呢？就利用以下實驗來觀察，不同的液體是否會出現不同的結果吧！

((1)) ▶▶▶ 讓杯子的水「滿『不』出來」?!

蒐集同種類的硬幣或彈珠，一邊玩遊戲，一邊進行這次的實驗吧！
在水幾乎全滿的杯子裡，把硬幣或彈珠一個一個慢慢地放入。
觀察「放入多少個硬幣或彈珠時，杯子水位變化」，並分「水維持原貌／水滿出來了」
等兩個階段記錄。接著，從側面觀察水面的狀態，與水面膨脹的情形。

準備材料　透明大水杯、水、同種類的硬幣或彈珠（20個以上）

視線要盡量
與水面同樣
高度！

一個一個小心翼翼
地放進水杯裡！

先準備好筆記本，
再開始進行實驗。

請在「水打翻也沒關
係」的地方進行實驗。

準備好 20 個以上形狀大小
種類相同的硬幣或彈珠。

實驗開始前，先猜猜看在
水溢出前，可以放入幾個
硬幣或彈珠呢？

放入硬幣前、一個一個硬幣放入時、水滿溢
出來時等狀態，都要用相機拍照下來吧！

將實驗結果製作成簡單易懂的表格，也可以
把當下的水面呈現狀態畫成圖畫喔！

〈例〉

硬幣數量	水面維持原狀／水滿溢出來	水面狀態	值得注意的事
1 個	水面維持原狀	沒有什麼變化	⋮
2 個	水面維持原狀	有一點向上膨脹	⋮
3 個	⋮	⋮	⋮
⋮	⋮	⋮	⋮

（2）▶▶▶ 用水以外的液體來嘗試吧！

要是換成水以外的液體，表面張力又會如何運作呢？直接來做實驗吧！

仔細觀察放入幾枚硬幣後，液體表面會產生什麼樣的變化，記得與前一個實驗比較差異喔。

準備材料

數十個相同的硬幣或彈珠、幾個同款式的杯子、不同的液體（如油、牛奶、果汁等）

註 請勿食用實驗中使用的物品。調味料等物品要先詢問家人，才能開始使用！

在最接近水面的水平線上，貼上有色膠帶當記號。

先準備幾個同樣大小的杯子！

放入硬幣或彈珠時要小心輕放！

要使用乾淨無髒汙的杯子！

若能使用透明的杯子，會更容易觀察唷！

為了更方便比較各種液體間的差別，請將各個杯子一字排開，從水面同高度的側面拍照記錄。

這是為了觀察水以外的液體「是否也有表面張力」所進行的實驗。杯口愈大，所需使用的硬幣或彈珠會愈多，因此在選擇杯子時，也要注意杯口的大小。

〈例〉

種類 \ 放入的數量	硬幣（或彈珠）	值得注意的事
水	8	
油		
牛奶		

水面向上膨脹的過程，跟水比起來有什麼差異呢？

除此之外，也嘗試看看其他不同的液體吧！

★ 感　受到液體表面張力的作用力了嗎？

在做實驗的當下，實際看見水面呈現出的模樣時，與在腦中一閃而過的想法，都要記得記錄下來喔。

水面從杯口慢慢往上膨脹的模樣，就像是被磁鐵之類的東西吸引住一樣。這種現象是由於水分子彼此之間互相拉扯牽引所造成。當往上膨脹的水面快要滿溢出來的時候，表面張力就會發揮作用，讓水分子互相拉扯牽引，避免杯中的水溢出來。

表面張力只要一發揮作用，就會讓水滴變得圓滾滾的。圓滾滾的水珠形狀，正是水珠強力凝聚在一起的最佳證據。因為強力凝聚在一起，所以才會變成圓形。這個從水身上學到的知識，是不是非常的深奧呢？

變得圓滾滾！

把力量集中起來！

更多的
實驗 & 觀察

還有很多情況，也會出現表面張力！

其實，生活中經常可以發現表面張力發揮作用的例子。不僅如此，利用表面張力也可以發展出許多好玩的遊戲與不可思議的魔術。在進行實驗的時候，不妨順便利用「變得圓滾滾的水珠」來思考有什麼好玩的遊戲與魔術吧！

在裝水的杯子蓋一張紙，再把杯子倒放，裡面的水可能不會漏出來耶！

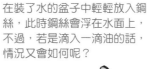
吹泡泡也是表面張力的作用唷！

肥皂水互相拉扯就會變得圓圓的了！

利用吸管在金屬墊片環的圓孔滴入水滴……。水的表面會呈圓形，變成薄膜狀！

在裝了水的盆子中輕輕放入鋼絲，此時鋼絲會浮在水面上，不過，若是滴入一滴油的話，情況又會如何呢？

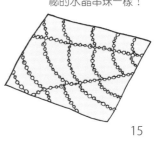

下過雨後，蜘蛛網上凝結的水珠，看起來就像是神祕的水晶串珠一樣！

碰撞能量的傳遞方式

把一顆彈珠彈出去,碰撞到另外一顆彈珠後,
最先彈出的彈珠會停在原地,被碰撞的則會彈出去,
感覺就好像是運動會中的大隊接力一樣!
這樣說來,接力棒的角色究竟是由誰扮演的呢?

馬上就用硬幣來做實驗吧!

將硬幣排成一列,讓 A 硬幣碰撞 B 硬幣的話,會發生什麼事呢?
試著變化硬幣的排列方式與數量,進行各種實驗吧!

1 將硬幣排列成緊密的一直線,當 A 與 B 碰撞會如何?

2 將硬幣排成一列後,把 B 往前移,與其他硬幣間保持
距離,其餘硬幣則緊密連接,當 A 與 B 碰撞會如何?

3 將緊密連接的硬幣分為兩組,並保留些
許距離的話,當 A 與 B 碰撞會如何?

4 將整列緊密連接的硬幣尾端,排列
成V字型,當A與B碰撞會如何?

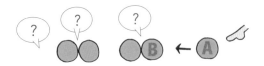

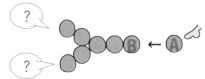

想想看,還有沒有其他的硬幣排列方式?

研究重點看過來

　　只要排列硬幣並互相碰撞就好!這次的實驗就是這麼簡單
又好玩。不過,光是像這樣排列硬幣,就可以創造出各式各
樣的組合,已經是非常了不起的日常研究了!
　　物體彼此碰撞所產生的力量,被稱作碰撞的能量。藉由這
次的實驗,來思考關於碰撞能量的傳遞方式吧!

①　▶▶▶ 用硬幣做更多的碰撞實驗

利用各種複雜的排列方式，並使硬幣與硬幣之間保留空隙，來調查碰撞能量的傳遞方式吧！

▌準備材料　大約 10～20 枚的硬幣、封箱膠帶、小型的空箱子、薄木片、橡皮擦

排列成複雜的樣子會……？

把硬幣排成V字變形組合或金字塔型等，透過實驗觀察碰撞能量的傳遞方式。

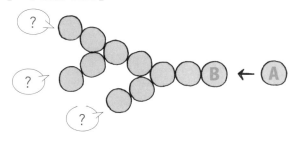

【V 字變形組合】

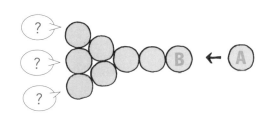

【金字塔型】

排成十字形或圓形會……？

排列方式還可以往外延伸。試著排十字或圓形等，並觀察能量會如何傳遞吧！

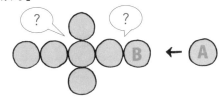

【十字排列】

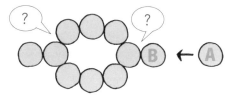

【圓形排列】

在空隙放其他物品會……？

在硬幣組合中夾入硬幣以外的物品，碰撞能量會如何傳遞呢？夾入物品要用封箱膠帶固定喔。

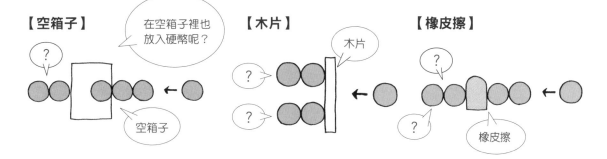

【空箱子】　在空箱子裡也放入硬幣呢？　空箱子

【木片】　木片

【橡皮擦】　橡皮擦

將比較結果，以圖畫形式記錄下來。或將實驗前與實驗後的情況用相機拍照下來，也是不錯的方式。

從硬幣互相碰撞來觀察碰撞能量是如何傳遞的。碰撞之後，是哪一個會硬幣飛出去呢？試著將能量流動的方向以箭頭做記號，就會更清楚明白了。

2 ▶▶▶ 用彈力球做更多的碰撞實驗

掉到地上就會往上回彈的彈力球,可以進行更多的實驗。
將多個彈力球連接起來,來調查碰撞能量的傳遞方式吧!

準備材料 大彈力球 1 個、小彈力球 2 個、衛生紙捲筒、剪刀、封箱膠帶

連接彈力球的方式

❶ 配合彈力球的大小,將衛生紙捲筒裁切成適合的高度。例如,
要連接3個彈力球的話,就要將衛生紙捲筒裁切成能裝入2小彈
力球的高度。

❷ 將衛生紙捲筒放在大彈力球上方,並用封箱膠帶把兩者牢牢固
定,最後將小彈力球放入衛生紙捲筒中。

開始做實驗

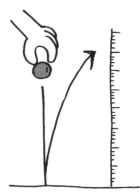

❶ 先決定投放彈力球的高度基準。讓1個大彈力球往下掉落,
並測量彈力球回彈上來的大約高度。

❷ 將1個小彈力球裝入衛生紙捲筒中,用手握住捲筒,從步驟
❶測得的高度讓捲筒往下掉落。大彈力球與小彈力球分別
回彈上來的高度都要記得測量並記錄。

❸ 疊放2個小彈力球在捲筒中,再進行一次實驗,觀察掉落的
方式有什麼不一樣嗎?記得以步驟❷的方式,測量彈力球
回彈的高度。

握住捲筒再
往下放!

以圖畫方式將彈力球回彈時的狀態畫
出來吧!用相機拍照的話,可能會比
較不容易捕捉到彈力球回彈的瞬間。

<例>

彈力球數量	回彈的高度	呈現狀態&值得注意的事
1 大	大　　　cm	
1 大＋1 小	大　　　cm	小彈力球
	小　　　cm	彈飛出去了
1 大＋2 小	大　　　cm	⋮
	小　　　cm	
	更小　　cm	
⋮	⋮	

如果彈力球的回彈不如
預期,就要記錄下來!

因為彈力球回彈的速度很
快,要在實驗時同步記錄
可能會有點困難,所以,最好找
人一起分工合作實驗。
先在紙上標示好刻度,再把刻度
表貼在牆上,如此一來,就能更
清楚看出彈力球回彈高度。不然,
直接在牆上貼一張紙,將彈力球
回彈高度直接畫在紙上再測量也
方便許多。

無論是硬幣的實驗或彈力球的實驗，都是由於碰撞能量傳送所產生的現象。透過實驗記錄，思考「碰撞能量是如何傳遞」，與「什麼樣情況下，不會將能量傳遞出去」。

由於這兩項實驗所用的都是手邊容易取得的材料，因此在進行實驗之前，一定要先預測「結果會如何」，再開始動手操作。

此外，如果能準備小鋼珠、鐵球或磁鐵等，也可以利用磁鐵力量來進行碰撞能量的實驗。利用這些簡單易取得的道具，就像是一邊玩遊戲，一邊學習新的科學知識，是不是很有趣呀！

● 利用磁鐵做實驗

將排成一列的鐵球（或小鋼珠）中間夾入一個磁鐵，並用 A 鐵球碰撞這一列鐵球，尾端的鐵球就會以非常大的力道飛出去。這是碰撞能量加上磁鐵磁力，造成更大的力量並傳遞出去的緣故。

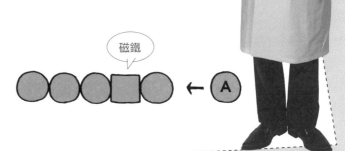

磁鐵

← A

科學知多少 ?! ❷

■ 運用碰撞能量原理的遊戲或玩具

碰撞能量的傳遞會造成物體的位移，因此有許多有趣的遊戲或玩具，都是運用這樣的原理而產生的唷！

＊撞球

撞球是利用球桿撞擊桌面上的白球後碰撞其他的球。是一種以各個球之間的碰撞，來彼此競爭的運動。掌握球與球之間的碰撞能量傳遞方式，就是撞球勝敗的關鍵。

撞球桿

＊牛頓擺

牛頓擺是一種常見的桌面演示裝置，常被用來做為室內的擺設，是鐘擺原理與碰撞能量的傳送所形成的現象。

當牛頓擺某一端的金屬球碰撞其他金屬球時，會產生能量的傳遞，另一端的球會在向外彈出後，迅速回彈碰撞原本的球列，並以相同方式不斷地傳遞能量。

掌握祕訣，連小朋友都能打得很好！

看著看著就變得好想睡覺。真是不可思議～

19

水中物體的浮浮沉沉

在一旁看著大人洗菜時，有沒有發現：
有些菜會浮在水面上，有些菜則是直接沉到水底！
而且，這跟蔬菜體積的大小似乎沒什麼關聯性，
體積大的菜可能浮起來，體積小的菜可會沉下去。
到底為什麼物體在水裡會出現有浮有沉的差別呢？

這些東西會浮起來還是沉下去？

收集一些外型大小差不多的物品，
猜猜看，哪些物體放入水中時會浮起，哪些又會下沉。

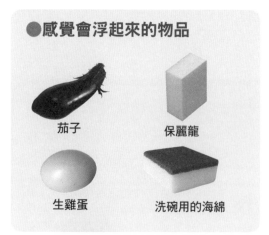

●感覺會浮起來的物品

茄子　　保麗龍

生雞蛋　　洗碗用的海綿

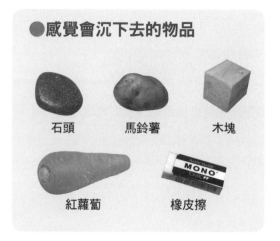

●感覺會沉下去的物品

石頭　　馬鈴薯　　木塊

紅蘿蔔　　橡皮擦

研究重點看過來

　　會讓物品往下沉的力量被稱為「重力」，讓物品往上浮起來的力量則被稱為「浮力」。每個物體的浮力都不相同，這是因為比重不同的緣故。
　　那麼，所謂的「比重」又是什麼呢？就透過這次的實驗，觀察各種物品在水中的浮沉情況吧！

1 ▶▶▶ 水與鹽水中的浮沉情況不一樣?!

將各種東西放入水與鹽水中,觀察浮沉情形吧!
大型的物品建議事先切成適當的大小來備用。

[註] 要使用家中的物品前,記得先詢問家人的意見

▌準備材料　水、鹽、能裝入水或鹽水的較深容　器(水桶、臉盆或大盆子等)、想要調查浮沉情形的物品

開始實驗前,先把自己的預測記錄下來。

香蕉　洋蔥　馬鈴薯　小黃瓜　茄子　番茄　青椒　木塊　紅蘿蔔　海綿　橡皮擦　鉛筆　保麗龍　石頭　水　鹽水

試著再找更多的物品來做實驗吧!

<例>

	水		鹽水	
	預測	結果	預測	結果
茄子	浮起	浮起	浮起	⋮
馬鈴薯	下沉	下沉	下沉	⋮
⋮	⋮	⋮	⋮	⋮

把物品放入水與鹽水中所發生的情形,用相機拍下來。

濃度高一點的鹽水做出來的結果,與水的差異會比較大,實驗起來也會比較有趣喔!

2 ▶▶▶ 要加多少鹽，東西才會浮起來？

跟水比起來，物體在鹽水中更容易浮起來，不過，到底要加多少的鹽，物體才能順利往上浮呢？接下來的這個實驗，就是要實際操作看看。

首先，裝好一盆水，再以一次 10g 的鹽為單位，慢慢地加到水裡。仔細觀察物體在鹽水中開始浮起的狀況，哪些物品很快就能浮起來？哪些物品遲遲不浮起來？

準備材料

水、鹽、秤重計、紙、攪拌棒、會浮起來的物品、能裝入鹽水的較深容器

實驗方法

❶ 以每 10g 的鹽為單位，分量放在裁切成小張的紙上備用。

❷ 以在【實驗 1】中浮於鹽水中的物品為主，準備這次實驗的物品。

❸ 把物品放進水中，慢慢把鹽加進去（每次加入 10g 的鹽），並仔細觀察物品浮起來的時間點與狀態。

加入鹽之後，記得攪拌均勻唷！

耐心地測量與分量！

＜例＞

鹽的分量	浮起的物品	有點浮起的物品	沉下去的物品
0g	茄子・番茄	:	石頭
10g	:	:	:

每次加鹽的時候，都要將物體浮起的狀態記下來。物體以什麼方式浮起來，或好像快浮起來等，也要記錄喔！

均勻地攪拌鹽水，讓鹽能溶於水中後，還要等到水面恢復平靜，再來觀察物體的浮沉情形。

進階挑戰：水與油的浮沉情形

利用水與油來進行浮沉的調查，結果又會如何呢？

雖然水與油都是液體，但是結果可能會出乎意料喔！

準備材料

水、油、寶特瓶或透明瓶罐容器

實驗方法

❶ 在寶特瓶等透明容器中，倒入同樣分量的水與油。

❷ 將寶特瓶瓶蓋鎖緊後倒過來放，會出現什麼變化呢？

油

水

把瓶子倒過來放的話……

傳治郎老師指導
統整 · 歸納 · 結論

在 水與鹽水中都能順利浮起的物品與只會在鹽水中浮起的物品，是因為物品浮力不同所導致的不同結果。那有什麼東西「在水中會下沉，在鹽水中卻會浮起」的呢？

在水中會浮起來，代表著物品比水還要輕，也就是說，跟水比起來比重較小的意思。如果物品在水中下沉，卻能在鹽水中浮起來，就代表物品的比重比水來得重，但比鹽水來得輕。

藉此可以知道，鹽水比水還要重（鹽水的比重＞水的比重）。由於鹽溶解在水中，鹽水當然會比水來得重啊。不相信的話，不妨實際測量相同容積的水與鹽水的重量。同樣的道理，糖水也會比水來得重。

另外，可以試著使用楓糖漿等有顏色的材料，就像在做油與水的實驗一樣嘗試，觀察楓糖漿與水分成兩層的情形。

> 我們的比重都不一樣喔！

> 每個東西都有不同的比重呢！

科學知多少 ?! ❸

> 在海水裡挑戰！

■ 海水中比較容易浮起來嗎？

由於海水是鹽水，跟純水比起來比重較大，因此在海水中會更容易浮起來。不會游泳的人，建議先到海邊練習，會比在游泳池裡更容易浮起來喔！

> 過來吧！過來吧！

> 過來吧！過來吧！

■ 在浴缸裡或游泳池會浮起來嗎？

即使是在浴缸或游泳池等非鹽水的環境中，人也可以因為浮力而順利浮起來。浮力是一種藉由「與身體在水中排水量等量的重量」來進行運作的力量。也就是說，進入裝滿水的浴缸泡澡時，往外溢出多少水量，身體就會變輕多少。當泡在水裡時，感覺身體好像輕飄飄的，也是由於浮力作用所帶來的影響喔！

> 哇！輕飄飄的！

■ 用彈簧秤來測量浮力吧！

彈簧秤可以更精準的測量物體的浮力。利用彈簧秤分別比較物體在空氣中所測量的重量，與放入水中後的重量。在水中測量變輕了，就是因為浮力的影響所造成。

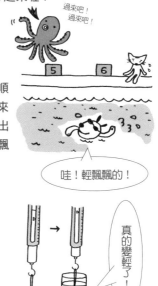

> 真的變輕了！

靜電也算是一種電嗎？

在空氣比較乾燥時，容易聽見啪茲啪茲作響的靜電聲。
靜電總讓人感覺有點刺痛，所以大部分人都不是很喜歡。
但靜電到底是什麼呢？也會像電一樣產生火花嗎？
如果靜電算是電的一種，那是不是能用來點亮電燈呢？

這些時刻與這些地方會產生靜電

體驗過碰觸靜電時，產生的啪茲啪茲聲嗎？靜電又會在何時何地出現呢？
回想自己曾經在什麼樣的環境遇到靜電吧！

＊要穿上或脫下羊毛材質的
衣物時……

＊打開或關掉真空管電視
（也就是傳統的大頭電
視機）時，接近螢幕的
話會……

＊用塑膠墊板摩擦頭髮時……

＊用梳子梳頭髮時……

＊在冬天碰觸門把時……

研究重點看過來

　　靜電是在空氣較乾燥的冬天，常會發生的現象。不過，
即使是夏天，待在乾燥的冷氣房中，也會遇到靜電。其
實，靜電幾乎不會對人體造成影響。這是因為靜電非常微
弱的關係嗎？還是有其他原因呢？一起來收集靜電，深入
調查看看吧！

1 ▶▶▶ 電視螢幕的靜電能讓燈發亮嗎?

利用容易出現靜電的真空管電視,來收集靜電。日光燈的發光原理是當管
內釋放電力時,刺激內部的螢光塗料而產生光線。那麼,如果使用靜電,
日光燈也會發亮嗎?先把房裡的燈關掉,再來進行實驗吧!

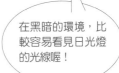

準備材料

棒狀日光燈管、真
空管電視、鋁箔紙

在黑暗的環境,比
較容易看見日光燈
的光線喔!

❶ 將鋁箔紙完整包覆
整個電視螢幕。

❷ 反覆開啟、關掉電視,
同時將日光燈管的接
頭靠近電視螢幕。

註 日光燈管容易碎裂,務必小心使用。

由於靜電容易散失,所以做這個實驗的祕訣之一就是「動作快」。此外,乾燥的環境也是
一個重點。若無法順利操作的話,就改天再接再厲吧!

2 ▶▶▶ 人體的靜電能讓燈發亮嗎?

有時候,指尖會感覺刺刺的,或頭髮毛燥豎起等,難道這些現象代表著人體也儲蓄靜電
嗎?這個實驗要找人合作,讓自己的身體產生靜電後,試試看能不能把日光燈點亮。做
實驗時,一樣要保持房內黑暗喔!

穿著毛衣或
羊毛製衣物

穿橡膠底
的鞋子

❶ 穿著容易產生靜電的衣
物,並穿膠底鞋防止靜
電跑掉。

❷ 請夥伴拿塑膠墊、塑膠袋或
保鮮膜等容易產生靜電的物
品,幫忙摩擦自己的身體。

❸ 兩個人分別拿著日光
燈管的兩端,看靜電
能不能讓燈發亮。

靜電實驗一定要在乾燥環境下進行,否則很容易失敗。此外,若是流汗也會導致無法產生
靜電,這點必須多加留意。因為靜電產生的光線非常微弱,實驗時記得關掉房內的燈。

3 ▶▶▶ 靜電杯可以收集更多的電

利用手邊易取得的材料，輕鬆就能做出靜電杯，這是一種能夠把靜電收集起來的道具。
親手完成一個靜電杯，再進行更多的靜電實驗吧！

準備材料 塑膠杯 2 個、鋁箔紙、剪刀

靜電杯的製作方法

要把 2 個杯子確實疊放在一起！

❶ 在杯緣上方保留1cm的距離，用鋁箔紙包覆其他部分，並以同樣的方式製作2個。

❷ 將步驟❶的2個杯子疊放，再將鋁箔紙折成寬度約1cm的長條狀，對折成圓弧形，夾在兩個杯子間，當作天線。

收集靜電的方法

首先，將鋁箔紙貼在電視螢幕上。接著，把鋁箔紙折成長條狀，並把其中一端貼在螢幕的鋁箔紙上，另外一端則夾在2個靜電杯間。
反覆打開與關閉電視3～4次以上，就能收集到靜電了。

把房裡的電燈關掉，仔細欣賞靜電所產生的光亮吧！

開始實驗！

一起測試看看，靜電杯是否真能收集到靜電。
記得要讓房裡保持黑暗，再進行實驗喔！

●用剪刀放電

❶ 使用金屬製的剪刀。讓剪刀一邊刀刃靠近靜電杯下側側面，另一邊刀刃則靠近靜電杯天線。接下來，會發生什麼事呢……?!

●燈泡會亮嗎？

❷ 將連接燈泡的銅線分別接在靜電杯的側面與天線上，究竟電燈泡會不會發亮呢……?!

使用剪刀放電的瞬間非常短暫，千萬要全神貫注啊！

從 實驗結果可以得知，靜電也算是電的一種。但為什麼會被稱為「靜電」呢？這是因為靜電並不會往其他方向流動，只會靜靜停留在同一處的緣故。

打開電視時會產生正電，關閉電視時則產生負電。藉由電視的開開關關，就能使電在螢幕上流動。靜電杯使用的鋁箔紙，則是讓電流動的素材，因此能讓電視螢幕上的靜電，流動到靜電杯裡（更多內容可參考〈日常研究室14〉）。

靜電的電壓很高，電流卻相當低。此外，在塑膠類等電流無法通過的材質上，也會產生靜電，又是為什麼呢？

這是因為在這類材質中，正電與負電保持同樣數量，正常的情況下並不會產生電流，不過，一旦經過摩擦，電就會開始移動，若負電增加就會產生負電，若負電流失就會留下正電，因而導致靜電的發生。

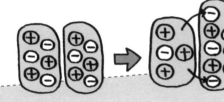

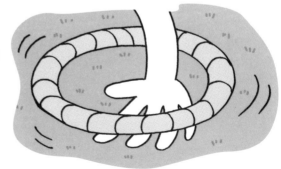

交錯排列的「正電（＋）」與「負電（－）」產生了變化，導致靜電發生。

更多的 實驗&觀察

■ 自己製造的靜電

使用環形日光燈管，也可以利用自己製造的靜電來使電燈發光。在黑暗的狀態下，來進行實驗吧！

┃準備材料

環形日光燈管、打包行李用的塑膠繩、膠帶、鋪地毯的地板

❶ 用打包行李的塑膠繩，將環形日光燈管仔細纏繞起來（纏繞一層即可），不留一絲空隙，再用膠帶固定塑膠繩。

❷ 將日光燈管放在地毯上，把手放在環形燈管中間。撐開指頭手掌放在燈管下方並旋轉手腕，帶動日光燈管旋轉。

進行實驗時，盡量不要碰到日光燈管，因為要是日光燈管沾到髒汙，就不容易產生靜電。接著，就來觀察地毯與塑膠繩互相摩擦時，會發生什麼事吧！

摩擦力的調查

穿著襪子走在磁磚地板上，由於腳底真的太滑了，
一不小心就摔了個四腳朝天，好狼狽啊！
但脫掉襪子光著腳丫，想在磁磚地板上滑來滑去，
卻老是卡卡的，還會被自己絆到而跌跤！
到底是什麼神奇力量，讓人既能滑動卻也會被絆倒呢？

滑溜溜 vs. 卡卡的

想想看，什麼情況容易滑動？什麼情況不容易滑動？

● **比較滑的地板有？**

溼答答的磁磚地板
有砂子的地面
木頭材質的地板

● **不太滑的地板有？**

鋪了地毯的地板
觸感粗糙的水泥地

● **容易打滑的東西是？**

襪子
拖鞋
直排輪

● **不容易打滑的東西是？**

運動鞋　雨鞋
室內鞋　赤腳

● **容易滑動的組合是？**

雪橇＋雪地
穿著褲子＋溜滑梯
襪子＋木頭地板
瓦楞紙板＋草地

研究重點看過來

　　物品容不容易滑動取決於「面與面之間接觸時所作用的
力量」，也就是所謂的「摩擦力」。
　　利用身邊容易取得的材料，從實驗中找尋造成摩擦力強
或摩擦力弱的條件分別是什麼吧！

1 ▶▶▶ 這些材質的坡道夠滑嗎？

準備各種材質的板子，讓木塊能在板子上滑動，並比較木塊在不同材質板子上滑落的速度。想想看，哪些材質木塊容易滑動？哪些材質木塊不容易滑動呢？

準備材料 各種材質的板子（長X寬約30cmX1cm）、膠帶、可以做為基臺的物品（像是書本等）、雙面膠、木塊（事先切割好）、量角器、碼表

❶ 把各種可以用來做坡道（木板、瓦楞紙板、塑膠板等）的板子準備好。

❷ 利用書之類的物品做為基臺，將板子靠在上方製造出斜坡。為了避免板子滑動，建議在圖上的 ➝ 處，貼上膠帶固定。

❸ 將木塊置於斜板最上方，並測量木塊沿著木板向下滑落所需的時間。

❹ 完成一塊板子再換其他材質的板子進行。在同樣條件下實驗，並進行比較。

❺ 完成全部測試後，試著微調板子的傾斜角度，再重新測試。板子的傾斜角度要用量角器測量並記錄下來。

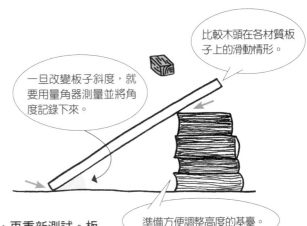

比較木頭在各材質板子上的滑動情形。

一旦改變板子斜度，就要用量角器測量並將角度記錄下來。

準備方便調整高度的基臺。

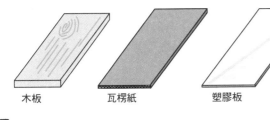

木板　　瓦楞紙　　塑膠板　　木板＋保鮮膜　　木板＋布（絲緞）

用保鮮膜和布把木板包起來（用雙面膠黏住固定）。

將每個板子的傾斜角度與材質記錄下來。多測量幾次，再記錄平均的數值。

如果木塊滑到一半就停住不動，就先用相機拍照下來。

〈例〉

材質＼角度	40度	30度	20度	•••
木板	滑得很快	慢慢滑下來	不會滑動	•••
瓦楞紙板	滑得很快	滑得很快	滑到一半就停住	•••
塑膠板	滑得很快	滑得很快	慢慢滑下來	•••
⋮	⋮	⋮	⋮	•••

不論使用哪一種材質的板子，板子傾斜角度一開始都要設定在木塊可以順利滑落的位置。此外，木板也有分成很多種（如夾板、實木板等），知道的話，也要一併記錄。

② ▶▶▶ 這些東西可以順利滑到終點嗎？

接下來，在一樣的板子上，替換成不同的物品來滑滑看。
板子盡量選擇在【實驗1】中有點滑又不會太滑的材質來進行實驗。

▌準備材料 幾乎同樣大小與形狀的各材質物品、刀片、可以製成坡道的板子與基臺

利用刀片將體積較大的保麗龍裁切成適當大小。橡皮擦不夠大的話，則可使用黏著劑合成。木塊務必請大人幫忙裁切。總而言之，實驗的物品要盡量一樣大。

木塊	橡皮擦	保麗龍	油黏土	紙箱

紙箱綁橡皮筋	紙箱黏布	紙箱貼透明膠帶

> 發揮創意，試著變出各種不同的材質吧！

> 不光要記錄物品滑落的時間，也要記錄滑動狀態，如「一邊滾動一邊滑下來」等。

這個實驗要準備的是能以平面滑落的東西，而不是會滾動的東西。要是在木塊表面塗蠟，應該也會很有趣唷！

〈例〉

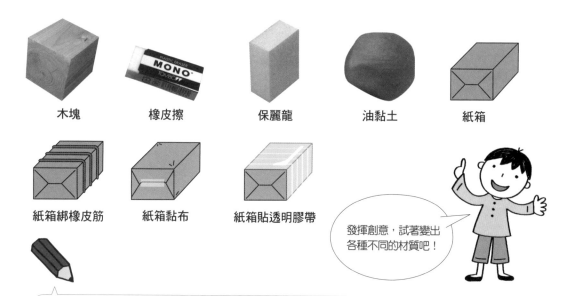

材質＼角度	40度	30度	20度	•••
木塊	滑得很快	⋮	⋮	•••
紙箱	慢慢滑下來	⋮	⋮	•••
橡皮擦	⋮	⋮	⋮	•••
⋮	⋮	⋮	⋮	•••

> 利用相機將滑動的物品拍下來做記錄，再搭配實驗結果，更能如實傳達出各材質物品的實際滑動情形。

傳治郎老師指導
統整 · 歸納 · 結論

 易滑動的坡道與容易滑動的物品間，有沒有什麼共通點呢？在這次的實驗中，使用了各種材質的材料，還能依照每個人的創意，發展出不少有趣的結果。

舉例來說，如果非常容易滑動的坡道，搭配非常容易滑動的物品，得花多少時間就可以順利滑下來呢？光是這樣子的嘗試，就可以變化好多種不同的組合了。

每個物品要保持原本的狀態，都需要力量的作用，才能讓靜止不動的物品持續靜止不動，運動中的東西則會繼續移動。一般來說，移動中的東西自然而然地停止下來，就是摩擦力發揮了作用的緣故。

經過這次的研究後，試著在日常生活中找找看其他發揮摩擦力的例子吧！

更多的
實驗 &
觀察

■ 這些都是受到摩擦力影響

日常生活中，有許多因為摩擦而發生的現象，與利用摩擦力來運作的物品。試著從以下例子舉一反三，找找看還有沒有其他相似的例子吧！

＊打繩結
摩擦力在兩條繩子間發揮作用，讓繩子打成一個結。依繩子材質的不同，有些繩結一下子就能可以解開，有些則很難解開。

＊在一疊紙中抽掉一張紙會……?!
在一疊紙中抽掉一張紙之所以會發生崩落，是因為相疊在一起的紙與紙間存在摩擦力的關係。

＊輪胎的溝槽
以橡膠製成的輪胎，在一般情況下都能發揮十足的摩擦力，來讓輪胎停止下來。不過，一旦下雨，水會存在輪胎與道路間，讓輪胎變得容易打滑。這時候，輪胎表面的溝槽就能發揮作用，讓水沿著溝槽中流出。

＊圓形的鉛筆 vs. 六角形的鉛筆
圓形的鉛筆會滾來滾去，是因為鉛筆與書桌接觸的面積非常少。六角形鉛筆則是以平面接觸桌面，因而使摩擦力作用變大，當然不易滾動。

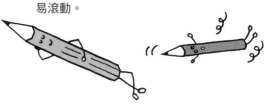

味道是從哪裡感覺的呢？

酸梅光是用看的，嘴裡就會泛起一股酸味，

儘管一口都沒吃到，還是會分泌唾液，感覺真奇怪。

要是心裡一邊想著巧克力，嘴裡一邊吃著酸梅，

這麼一來，是不是酸梅就會變得不酸了呢？

為什麼人明明只有一個舌頭，卻能感受各種味道呢？

正在吃喜歡的零食時……

據說食物其實是五個感官（眼、耳、鼻、口、皮膚）合作來品嘗滋味的喔。

試著回想吃點心時的感覺（視覺、聽覺、嗅覺、味覺、觸覺）吧！

● 在吃奶油蛋糕時……

【味覺】
口
把蛋糕放進嘴裡的瞬間，美好滋味在舌尖上擴散開來。啊！真的是太幸福了。

【嗅覺】
鼻
草莓的果香與生奶油的濃郁香氣混合在一起，讓人忍不住食指大動啊！

【聽覺】
耳
剛剛似乎聽到吃過這種蛋糕的人說「超級好吃的！」

【視覺】
眼
哇！超大顆的草莓搭配滿滿的生奶油，看著看著口水都要流出來了。

研究重點看過來

　　動物都能利用舌頭得知食物的味道，這個感覺器官被稱為「味蕾」。人類也是利用味蕾來品嘗食物滋味，不過，隨著經驗值增加，味蕾會出現差異。

　　據說味蕾能感受的滋味會隨年齡增加而拓展。現在就好好利用自己的舌頭，來品嘗各式各樣的味道吧！

1 ▶▶▶ 只有舌頭能感覺食物滋味嗎？

人只能用舌頭來感受味道嗎？

遮住受試者（或自己）的眼睛與鼻子，讓眼睛與鼻子無法接收有關食物的資訊。然後，用眼與鼻以外的感官，嘗試是否能接收食物的味道，或判斷吃到嘴裡的是什麼？

盡量多找一些人，詢問他們的感覺，並統整出結果。

準備材料 食物（盡量多準備幾種不同滋味或口感的食物，並事先切成一口大小）、
飲料（盡量多準備幾種不同滋味或口感的飲料，並事先分裝到小杯子）

【建議準備的食物】

● 柔軟的食物

　布丁、優格、嫩豆腐等

● 堅硬的食物

　仙貝、蘇打餅乾、其他餅乾等

● 不軟不硬的食物

　起司、生魚片、香蕉等

布丁

優格

嫩豆腐

【建議準備的飲料】

牛奶、果汁、乳酸飲料、茶類等

仙貝

蘇打餅乾

其他餅乾

牛奶　　　
果汁　　　
乳酸飲料　　茶

起司　　　香蕉

生魚片

　利用相機把實驗的過程拍（錄）下來吧！

〈例〉

品名	自己	同學A	爸爸	同學B
布丁	布丁	布丁	不知道	果凍
優格	優格	⋮	⋮	⋮
豆腐	⋮	⋮	⋮	⋮

輪到自己要品嘗的時候，就請別人一起參與實驗吧！最好找平時沒有一起吃相同食物的人（非家人），這樣測試起來會比較客觀。請人協助時，記得先確認對方有沒有對哪些食物過敏。另外，為了不讓不同食物的味道在嘴裡混一起，要準備一杯白開水在旁邊。

2 ▶▶▶ 用舌頭不同部位來品嘗不同滋味

猜猜看,在舌頭放上一些「鹹」「酸」「甜」的液體,會從舌頭的哪些部位感受到呢?
盡量多找一點人來幫忙品嘗,才能收集大量有關味覺的資料。

準備材料 　用來測試味道的調味料(鹽、砂糖、醋等)、小盤子、棉花棒

❶ 將有「鹹」「酸」「甜」的液體,少量倒入小盤子備用。例如,鹹味→鹽水、酸味→醋、甜味→糖水等。

❷ 參考右側的「舌頭味覺分布圖」,並用棉花棒沾取液體放到各個位置。測試舌頭是透過哪一個部位感受不同滋味。

❸ 替為每一位受試者製作出專屬於他的味覺分布圖吧!

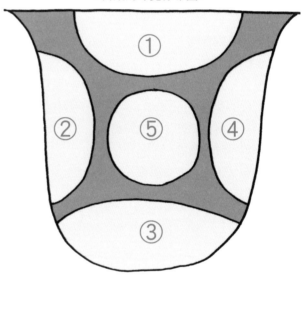

＜舌頭的味覺分布圖＞

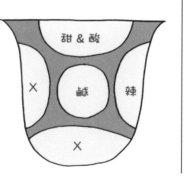

為了更容易比較每個人的味覺分布情形,請將實驗結果製作成表格。

＜例＞

＜媽媽舌頭的味覺記錄＞
08月28日　星期三
＜結果＞
・①、⑤、④這三個部位很快就能嘗出味道,但②與③則很難去分辨味道。
・①的部位可以感覺到甜與酸等兩種滋味。

找多一點人來玩這個測試遊戲,看看會得出什麼樣的結論吧!

收集到愈多人的測試結果,就愈能成為可信度高的資料。
此外,為了讓受試者更容易判斷味道,食鹽水與糖水都要調得濃一些唷!

統整 · 歸納 · 結論

味覺是在生活中非常平易近人的主題，卻同時也是讓人覺得非常困惑的主題。據說，人類味覺器官，也就是「味蕾」可以感受到的味覺種類分別為「鹹」「酸」「甜」「苦」「辣」等五種。不過，又讓人忍不住懷疑：味覺真的只是依靠器官的感受而已嗎？

透過前面兩個研究結果，進行更深度的思考：是不是只有舌頭能感受味道？舌頭的味覺分布圖值得參考嗎？試著整理出自己獨特的論點吧！

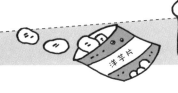

更多的

**實驗 &
觀察**

■ **其他動物也有味蕾?!**

有些狗狗光是看到裝著飼料的箱子就會開始流口水，也有些貓咪堅持只吃某些特定的食物，究竟動物是否也擁有味覺呢？事實上，人以外的動物，也擁有屬於味覺器官的味蕾，也就是說，人與動物都是利用味蕾來感受味覺的。

但狗狗或貓咪的味蕾數量，跟人類比起來少太多了。此外，也有些魚類的味蕾是位於皮膚上。對動物而言，味蕾與其說是用來品嘗味道的器官，倒不如說是用來判斷眼前食物吃下肚後是否安全的第一防線。

■ **寵物也會「挑食」啊?!**

據說，居家豢養的寵物所擁有的味覺與野生動物很不一樣。面對飼料會出現明顯挑食情形，是被當作寵物的動物，才會出現的行為。這很可能是長期與人類朝夕相處的影響。所以，寵物的飲食文化也是大有學問的喔！

感官器官的謎語

人類的五官與五感，替生活製造不少樂趣呢！

接下來，請針對文字描述進行聯想，猜猜看謎題所說的分別是哪些感官器官吧！

① 左右各一片，當中隔一面。從小活到老，永遠不相見。

② 左邊一個孔，右邊一個孔。是香還是臭，問他他就懂。

③ 白門樓，紅圍牆，裡面住個紅姑娘，酸甜苦辣她都嘗。

④ 上邊毛，下邊毛，中間一顆黑葡萄。猜來猜去猜不著，請你向我瞧一瞧。

不相容的「水」與「油」

當兩個人總是互相對立、個性超級不合，
似乎就像「水」與「油」的關係，難以相容在一起。
難道「水」與「油」真的這麼不和嗎？
不過，當我們要食用油醋醬時，只要稍微搖一搖瓶身，
裡頭的醬汁好像就融合了，這又是為什麼？

觀察水與油混合時的狀態

食用油仔細區分的話，還是可以分為好幾種，
那到底哪一種油特別無法溶於水呢？
將水滴在油裡或將油倒進水裡，仔細觀察水與油混合
時的狀態，試著思考水與油的關係吧！

芝麻油

橄欖油

沙拉油

● 在沾了油的盤子上滴幾
滴水會如何呢？

● 炸東西時，食材上沾到
水會如何呢？

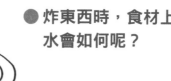
哎呀！

● 在裝了水的盆子裡滴幾
滴油會如何呢？

● 玩了油黏土後的雙手，
只用水洗會如何呢？

好難把手洗乾淨唷！

研究重點看過來

　　把水與油同時倒進瓶子裡，會形成上下兩層的狀態，這
已經在〈日常研究室5〉中得到驗證了。可是，到底有沒
有方法可以把水與油混合在一起呢？
　　想想「水與油無法相容」的原因，再來思考該如何進行
實驗。無論如何，做完實驗後要仔細清潔桌面與容器喔！

實驗 1 ▶▶▶ 水與油真的無法融合在一起嗎？

就算將水與油放入杯中用攪拌棒攪拌，過一段時間水與油還是會自動分成兩層。這次實驗就將水與油都倒進寶特瓶，藉由徹底地搖晃，試著讓水與油融合吧！

準備材料 水、各式各樣的油、洗淨乾燥的寶特瓶

❶ 將差不多等量的水與油都倒入寶特瓶中。

❷ 在訂立的時間內（如30秒、1分鐘等），徹底地搖晃寶特瓶，讓水與油完全融為一體後，靜置一段時間再觀察。

首先，要把搖晃寶特瓶的時間訂出來！

〈例〉

油的種類 ＼ 靜置時間	2分鐘	5分鐘	10分鐘
沙拉油	完全融合	稍微有點分離	⋮
芝麻油	⋮	⋮	⋮
橄欖油	⋮	⋮	

利用各種不同的油來進行實驗吧！

仔細觀察寶特瓶內的變化，並記錄下來。

利用相機把靜置的過程拍下來。

實驗 2 ▶▶▶ 把水潑在沾油的布上會如何？

就算是已經滲透進布裡面的油，還是一樣與水不相容嗎？
讓油滲透到布的纖維裡，再潑上水，並仔細觀察其狀態吧！

準備材料 洗乾淨的棉布數片（裁剪成5cmX5cm左右的大小）、油、水、湯匙、報紙

❶ 在布上滴約10元硬幣大小的油，讓油徹底滲進布裡。

❷ 在滲進油的布面上，利用湯匙慢慢把水滴入。

〈例〉

油的種類 ＼ 靜置時間	狀態
沙拉油	在布面上呈現出水滴的狀態
芝麻油	⋮

記得在沒有油的布面上同步滴水，才能跟有油的布面比較滴水的結果。

要特別注意的是，別讓布沾到油與水以外的東西喔！

③ ▶▶▶ 在水與油中加點洗碗精會如何？

不管是再怎麼油膩的碗盤，只要用洗碗精就可以把油垢清洗乾淨。
那如果在水與油中加入洗碗精會變怎麼樣呢？

準備材料 水、油、洗碗精、杯子、類似木筷之類可用來攪拌的道具

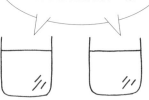
實際比較只放有水與油的容器，與加入洗碗精的容器，攪拌後有沒有什麼不一樣？

洗碗精

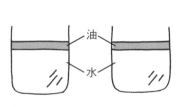

❶ 在兩個容器中分別倒入水，再滴入油。

❷ 其中一杯直接攪拌，另一杯先加4～5滴洗碗精再攪拌。

❸ 靜置一段時間後，仔細觀察兩個容器所發生的變化。

將靜置過程的狀態記錄下來。

攪拌前、攪拌中、攪拌後的狀態，都要記得用相機拍下來。

加入洗碗精仔細攪拌後，等液體停止晃動，觀察液體是否產生變化。看不太出來的話，可以改用有顏色的油（如紅色的辣油）進行實驗，就算油量很少還是能看得出差異喔！

④ ▶▶▶ 把稀釋的洗碗精潑在油布上會如何？

把滲進油的布面上，潑上溶入洗碗精的水。同時，也要跟【實驗2】進行比較。

準備材料 水、洗碗精、容器、洗乾淨的布、湯匙

❶ 在裝水容器中，倒入洗碗精並攪拌均勻，使洗碗精溶於水中。
❷ 讓油滲透到布裡。
❸ 把❶滴在❷上。

把潑洗碗精水與只潑水的結果做比較，並將不同處記錄下來。

利用相機將結果拍下來。每過一段時間，油與水的狀態可能會改變，因此拍攝工具要事先準備，捕捉每個改變的瞬間。

除此之外，記得把溶入洗碗精的水，滴在沒有油的布上，一起來做比較喔！

傳治郎老師指導
統整 · 歸納 · 結論

在 水與油之中加入洗碗精後，會不會發生什麼變化呢？

由於水與油的化學性質完全相反，因此無法融合一起。不過，就算是絕不相容的兩種物質，只要加入能使它們連接在一起的東西，還是能夠融為一體的。

洗碗精中含有的界面活性劑，就是同時具有親水與親油特性的物質，因此就可以扮演將水與油連接在一起的角色。

界面活性劑不只存在於洗碗精裡，就連煮義大利麵的水裡也含有同樣的成分。也就是說，如果用煮麵水來清洗平底鍋，一樣也可以順利將油垢清洗乾淨。大家不妨來試試看吧！

科學知多少 ?! 4

■ **界面活性劑能洗淨油垢的原理** 在界面活性劑中，容易與油結合的棒狀部分能包覆油汙，接著再靠容易與水結合的球狀部分，讓油汙浮出，並溶於水中。

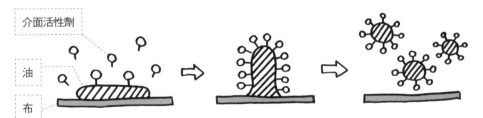

介面活性劑

油

布

更多的
實驗&
觀察

■ 什麼是「乳化劑」？

讓水與油結合在一起的過程就稱為「乳化」，居中扮演協調者角色的物質，就稱為「乳化劑」。製作食品時，經常需要同時使用水與油，因此當然有非常多使用乳化劑的機會。一起閱讀食品的成分標示，並找找看乳化劑在哪裡吧！

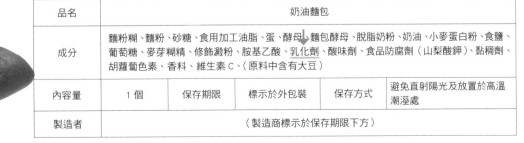

品名	奶油麵包			
成分	麵粉糊、麵粉、砂糖、食用加工油脂、蛋、酵母、麵包酵母、脫脂奶粉、奶油、小麥蛋白粉、食鹽、葡萄糖、麥芽糊精、修飾澱粉、胺基乙酸、乳化劑、酸味劑、食品防腐劑（山梨酸鉀）、黏稠劑、胡蘿蔔色素、香料、維生素C、（原料中含有大豆）			
內容量	1 個	保存期限	標示於外包裝	保存方式	避免直射陽光及放置於高溫潮溼處
製造者	（製造商標示於保存期限下方）			

光的行進路線大調查

早晨都能看見陽光直直地從窗簾縫隙照進房裡。
可是，有人知道為什麼光線會變成一道直直的線嗎？
話說回來，白天的陽光與房間內的照明光線，
總是會以柔和的方式，包圍周邊的一切事物呢！

就是這道光！光是如何行進的呢？

什麼時候能看出光的前進方式，也就是光的行進路線呢？

* 晚上出門抓獨角仙時，再暗
　黑的環境中打開手電筒，光
　線會如何呈現呢？

* 在昏暗的房間裡，打開書桌上
　的檯燈，光線就好像是展場中
　打在展覽物上的聚光燈一樣。

* 從雲層的縫隙中，看見好多好
　多的陽光直直灑落。難道這就
　是光的行進路線嗎？

* 盛夏午後在樹蔭下，看見從茂
　密樹葉縫隙中滲透的光線直接
　投射，這是因為光是直線前進
　的嗎？

研究重點看過來

　　光，可以說是我們生活中不可或缺的存在，因此也是非
常貼近生活的主題。不過，因為無法具體地看見光，也無
法實際觸摸到，所以很難有機會深入思考光的性質。
　　這次就利用看得見的方式將「光」具象化，進行前所未
有的研究吧！

1 ▶▶▶ 用橡膠管來調查光的行進

在黑暗的空間，特別容易看見光的行進路線。

由於橡膠管是屬於細長的管狀物，不僅可以營造出陰暗的空間，還可以任意改變形狀，這次就藉由彎曲自如的橡膠管，來看看光的行進路線吧！

準備材料　橡膠管（約30cm、不易透光的材質）

在白天帶著橡膠管到戶外，用雙手拿著橡膠管並窺視其中，記得改變橡膠管的形狀，看看會出現什麼樣的變化吧！試著從結果來反思光的行進路線。

看到了！看到了！

● 把橡膠管改變成各種形狀

註　請不要直視陽光。

筆直

有點彎曲

L字型

S字型

C字型

〈例〉

橡膠管的形狀	預測	結果
	可以清楚看見明亮的前方	⋮
	⋮	⋮

先將自己預測的結果寫下來。進行實驗的橡膠管形狀則可以用圖畫方式來記錄！

在明亮的地方窺視橡膠管，光線會從另一個端口進入橡膠管。但是，萬一什麼都看不見的話，又是怎麼一回事呢？這可是需要動腦思考的喔！

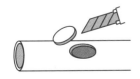 

在橡膠管上挖一個可以看到橡膠管內部的小洞，再將橡膠管維持筆直，並從小洞窺視，這樣可以看得到光嗎？

2 ▶▶▶ 自製針孔相機來看光的行進

動手製作針孔相機，藉此調查光的行進路線。從針孔相機看見的影像，會呈現什麼模樣呢？同時，也要想想「光如何進入針孔相機，又是如何呈現影像」？

準備材料 厚卡紙、黑色圖畫紙、剪刀、膠帶、描圖紙、鋁箔紙、自動鉛筆、橡皮擦、黑筆

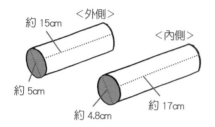

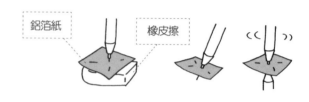

❶ 將2張厚卡紙的其中一面用黑筆塗黑，塗黑那面朝內，將厚卡紙捲成圓筒狀。兩個圓筒能夠順利疊套在一起，內側的圓筒直徑要做得稍微小一些。

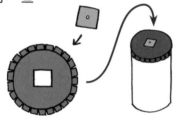

❷ 將鋁箔紙裁成2cm×2cm的正方形，仔細攤平後，將鋁箔紙放在橡皮擦上面，利用自動鉛筆戳出一個小洞。接著，再用另一支自動鉛筆從另外一側戳回來，讓小洞的邊緣變平整。

 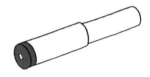

❸ 依外側圓筒口徑大小，將黑色厚紙裁成圓形，在正中央割一個1cm×1cm的正方形。再用膠帶將步驟❷的鋁箔紙貼在正方形缺口上，並將黑色厚卡紙黏貼在圓筒上。

❹ 配合內側圓筒的口徑大小，將描圖紙裁切成圓形，並預留黏貼處，黏貼在圓筒上方。

❺ 將黏貼描圖紙的小圓筒，放入較大的圓筒內，針孔相機就完成囉！

❻ 朝著明亮處，從正方形小洞看東西。一邊看一邊移動內側圓筒對焦（如右圖）。眼睛盡量貼近圓筒，就能看見影像投射在描圖紙上了。

從針孔相機看到什麼呢？把看到的影像畫下來吧！

用相機把眼睛看到的實際景色先拍攝下來。

使用親手製作的針孔相機看到影像了嗎？只要在鋁箔紙上戳出形狀大小OK的小洞，就可以順利投射影像了。試著多做幾個，再從中選出最理想的成品進行實驗吧。也可以用放大鏡來檢查小洞的形狀喔！

傳治郎老師指導
統整 · 歸納 · 結論

★ 這次利用光會筆直前進特性，來進行的實驗後，是否更能了解光的行進路線了呢？透過實驗的結果得知，物品一定要照射到光線才能被看見，也就是說，在沒有光的地方，根本無法看見任何東西，這也算是光的特性之一。

如果把房間營造成全暗的狀態，再在不透光的窗貼上挖一個小洞，讓外面的光線透過小洞投射在房內的牆上，整個房間就會變成一個針孔相機了。

在水中的話，光又會以不同的方式行進。試試看把手指放入裝了水的杯子中，從杯外平視會看見疑似斷掉的手指，這是因為光一旦進入水中，就會以折射的方式前進。也會因為折射的關係，水中的物體有時候看得見，有時候又看不見。

把這個主題繼續延伸，發展成各式各樣的有趣實驗吧！

針孔相機會產生倒立的影像。

更多的 實驗&觀察

■ 光線通過鏡頭的行進方式

使用放大鏡與手電筒，進一步調查光的行進方式吧！手電筒要記得選擇只有一個燈泡的簡單款式。

準備材料

手電筒、黑色圖畫紙、刀片、膠帶、放大鏡

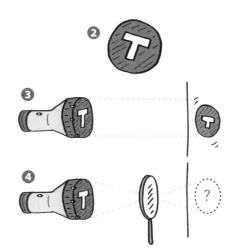

❶ 將黑色圖畫紙裁切成能夠完整包住手電筒光源的大小，並預留黏貼處。

❷ 在黑色圖畫紙正中央，割出一個能清楚辨別上下位置的圖樣（如英文字母大寫的「T」）。

❸ 利用膠帶將❷做好的成品黏貼於手電筒，開啟電源讓光線投射在淺色牆壁上，調整好角度，確認投射出的影像。

❹ 接著，讓手電筒的光線先通過放大鏡再投射於牆壁，調整好角度後，觀察這次投射出的影像。

❺ 比較❸與❹出現的影像有什麼差異？

投射在放大鏡上的手電筒光線，會因鏡片產生折射，而產生倒立的影像。

用空氣砲進行各種實驗

用紙箱就能做出空氣砲！用手拍打就可以玩！
不過，這樣的紙箱空氣砲，到底能擁有多大的威力呢？
光憑肉眼根本無法看見「空氣彈」是圓還是扁，
其實，加入一個小技巧，就能讓空氣彈現出原形了。

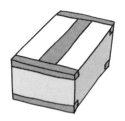

空氣砲三兩下
就完成了！

動手來做紙箱空氣砲！

製作空氣砲的素材很多，這次就用紙箱來做吧。

準備材料 紙箱、封箱膠帶、刀片、圓規　　註 使用刀片的時候，務必要小心謹慎。

約10cm

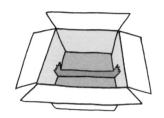

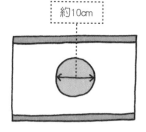

❶ 組裝紙箱。先在紙箱內的底部接縫處貼上封箱膠帶，牢牢固定。

❷ 將紙箱外的每個接縫處都用封箱膠帶黏緊。任何細縫都不能放過，全都要用封箱膠帶貼地牢牢的喔。

❸ 在紙箱其中一個側面正中央，用刀片割出一個直徑約10cm的圓形開口。

研究重點看過來

　　大家都很喜歡的空氣砲玩具，這次就親自動手做一個。趁機來進行各種調查。詳細地把過程記下來，就可以成為很了不起的研究喔！

　　如果能收集幾個不同大小的紙箱，製作不同尺寸的空氣砲，這個實驗會變得更有趣。

1 ▶▶▶ 實際驗證空氣砲的威力

當然要用親手做的空氣砲展開各種實驗啊！
不過，想要讓空氣砲發揮威力，拍打技巧非常重要，
現在就一起練熟空氣砲的基本拍打功，開始吧！

準備材料 柔軟布料、厚卡紙、蠟燭、打火機、香水、除臭噴霧劑等
會散發香味的物品

空氣砲的拍打功

以單手抱著紙箱，並將紙箱上的圓形開口對準想射擊的物品，
再用另外一隻手拍打紙箱的側面。此外，也可以將紙箱放置在
平臺上，兩手同時拍打紙箱的兩個相對面。

● 利用空氣砲能散發味道嗎？

把有香味的噴霧劑噴灑在空
氣砲內部。請人待在距離空
氣砲稍微遠的位置，朝對方
發射空氣砲。味道會與空氣
彈一起發送嗎？

● 對準柔軟布料發射空氣砲！

朝著柔軟的布發射空氣砲。像
是垂掛著的窗簾、絨毛較長的
地毯等，仔細觀察發射空氣砲
時這些物品的狀態吧。

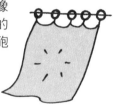

● 對準靶心發射空氣砲！

在厚卡紙上畫目標物，做出不
同大小的紙靶，比較紙靶被空
氣砲射中後的結果。此外，也
改變紙靶的距離，藉此調查空
氣砲的射程有多遠。

● 試試看！射擊 vs. 被射擊

朝別人發射空氣砲，並
詢問對方被擊中的感覺
。當然，也請別人朝自
己發射空氣砲，並把感
受記錄下來。

● 對燭火發射空氣砲！

把幾支蠟燭排成一列，再發射空氣砲。
照理說，蠟燭火光被風一吹就會熄滅，
那拍打一次空氣砲，能讓多少支蠟燭熄
滅呢？這個實驗正好能調查空氣砲威力
與距離的關係。由於可以直接看出熄滅
的蠟燭有幾支，比較起來更方便。

＜例＞被空氣砲射擊的感覺

	輕輕拍打	強力拍打
被射擊時的感覺	好涼，很舒服	嚇了一大跳
⋮	⋮	⋮

註 會使用到火的時候，務必要在大人的陪同下進行。
此外實驗過程也要注意是否會造成燙傷或火災。

② ▶▶▶ 讓空氣彈現出原形

從空氣砲的圓形開口發射出來的空氣彈具有相當大的威力，卻無法直接用肉眼看見。
不過，只要發揮一點巧思，就能讓空氣彈現形，並得知空氣彈是如何發射出去的喔！

▌準備材料 一束線香（大約 10 支）、打火機、打包用的塑膠繩、剪刀、黏土或
膠帶等（要做為立起線香的基臺）

利用線香的白色煙霧

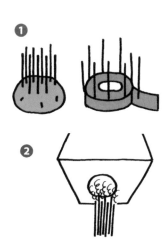

❶ 用黏土或膠帶，把立起的線香牢牢固定住。

❷ 點燃線香後，將空氣砲的圓形開口對準線香上方，讓白色煙
霧進入紙箱內部。

❸ 等到紙箱中充滿煙霧後，即可移開空氣砲，並試著拍打紙箱
或輕輕地按壓紙箱。

註 務必要在大人的陪同下進行實驗，並小心謹慎，不要造
成燙傷或火災。另外，也要注意室內通風。線香使用完
畢後，要立即將火熄滅。

讓紙箱內部充滿煙霧後再發射空氣砲。為了方便觀察，慢慢按壓會比強力拍打來得好。將
煙霧的大致特徵記錄下來，之後再詳細畫下來。雖然說，紙箱裝入愈多煙霧愈方便觀察，
但收集煙霧時，千萬要留意線香上的火，小心別觸碰到紙箱喔！

利用打包行李用的塑膠繩

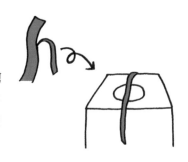

將打包行李用的塑膠繩裁切成圓形開口直徑的3～4倍長，再修剪
成細長的條狀。接著，把空氣砲的圓口朝上，放在平臺上，並將
塑膠繩掛放在圓口正中央。若從兩旁拍打紙箱，受到空氣彈射擊
的塑膠繩會如何呢？仔細觀察塑膠繩的擺動方式吧！

畫出空氣彈發
射出來的煙霧
形狀吧！

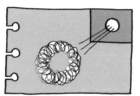

將實驗過程與結果都記錄下來。當然，
額外注意到的事情也要記得寫喔。

用相機把煙霧的狀態拍下來，後續觀察更方便！

統整 · 歸納 · 結論

空 氣砲是一項非常有趣,也賦予科學百科的實驗,一定要跟家人朋友一起挑戰看看。

如果是需要比較的實驗項目,將結果製作成圖表,更容易得到結論。尤其是要把自己做的實驗,與如何進行實驗等過程都記下來。

無論做任何的實驗或研究都應該如此,文字與照片充其量只是資料而已,還是得靠自己的雙眼仔細觀察與體會,才可能獲得驚訝與感動,並連結到下一個新的想法。

更多的 實驗 & 觀察

■ 各式各樣的空氣砲

在【實驗 1】與【實驗 2】中,是把紙箱側邊割開一個圓形開口來做空氣砲。

那麼,現在就試著改變開口的形狀或數量,來看看會出現什麼不一樣的結果吧!

● **不同的開口形狀**

切割圓形以外的形狀會怎麼樣呢?

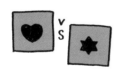

● **不同的開口位置**

改變開口的位置會怎麼樣呢?

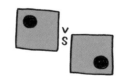

● **不同的開口大小**

割出比原本更大的開口或改為小一點的開口會怎麼樣呢?

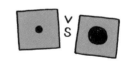

● **不同的開口數量**

如果割出兩個圓形開口會怎麼樣呢?或割出更多的話,又會如何呢?

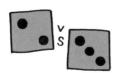

利用消滅直列蠟燭的實驗,來比較不同空氣砲的威力吧!!

銹的研究

即使都是很舊很舊的釘子，有些釘子生銹得不像話，而有些釘子卻幾乎沒有生銹，這到底是為什麼呢？還有，只要是金屬製成的物品，都一定會生銹嗎？真想知道「金屬物品在什麼樣狀況下容易生銹」啊！

這些地方可以發現「銹」的痕跡！

猜猜看，什麼樣材質製成的物品容易生銹呢？

* 老舊的鐵皮屋頂
上面的塗料已經被腐蝕，生銹非常嚴重！

* 廢棄的空罐
在海岸邊被浪濤拍打上岸的老舊廢棄空罐，不管蓋子或內部都生銹了！

* 老舊腳踏車
長期放在戶外的老舊腳踏車，車身的金屬部分已經充滿了銹蝕！

* 老舊的雨傘
久久才拿出來使用一次，金屬製的傘柄都已經完全生銹了！

* 海邊的遊樂設施
去海邊玩時，看到附近公園裡的盪鞦韆上面全都是鐵銹！

研究重點看過來

明明一樣是金屬製成的物品，為什麼有些被銹蝕得很嚴重，有些卻絲毫沒有生銹的痕跡呢？難道，雨水和海風會帶來影響嗎？

試著自己動手做出銹，接著研究看看在什麼時候、什麼狀況下容易生銹，或如何來防止生銹吧！

1 ▶▶▶ 原來銹是這樣形成的啊！

在裝了水、鹽水、醋的杯子裡分別放入釘子，實際調查銹的
形成方式。記得使用同樣金屬材質的釘子，並把杯子放在同
樣的地方來進行實驗。

準備材料 鐵釘3根、水、鹽水、醋、砂紙、棉線、木筷、剪刀、刀片、
透明塑膠杯3個

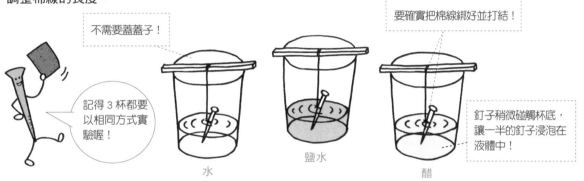

木筷

棉線

鐵釘

把釘子準備好

把這次實驗中要使用的3根釘子，先用砂紙將表面磨光。
再把木筷與棉線依下圖方式讓釘子垂吊在杯子裡，接著以釘子一端可以稍微碰觸杯底為基準，來
調整棉線的長度。

不需要蓋蓋子！

要確實把棉線綁好並打結！

記得 3 杯都要
以相同方式實
驗喔！

釘子稍微碰觸杯底，
讓一半的釘子浸泡在
液體中！

水　　鹽水　　醋

〈例〉　　　　　　　放置地點：客廳　開始時間：〇月／〇日／〇時

	3 小時後	6 小時後	24 小時後	3 天後
水	沒有變化	沒有變化	⋮	⋮
鹽水	沒有變化	⋮	⋮	⋮
醋	⋮	⋮	⋮	⋮

觀察釘子的狀態，利用圖表或文字記錄下來。為了更突
顯出銹的顏色，在畫的時候可以利用色鉛筆著色。在圖
的旁邊也要將觀察的時間與地點詳細記錄下來。

利用相機將實驗過程拍下來，
就能更清楚地看到銹。

因為鐵釘容易生銹，實驗前一定要用砂紙磨釘子，把所有釘子都磨到一樣的光亮程度。
由於這次是要比較浸泡在不同液體中的釘子的生銹情形，所以要把杯子都放在同樣的地
點才行。
用棉線將釘子吊掛在杯子上，雖然容易看出生銹情形，但移動杯子時容易造成滑落，因
此只需觀察釘子浸泡在液體裡的狀態，不須刻意拉高棉線。

49

② ▶▶▶ 比較不同金屬的生銹方式

這次要使用不同材質的釘子，實際調查銹的形成方式。事先準備好「鐵」「不銹鋼」「銅」
等不同材質、同樣大小的釘子，並浸泡在水裡，仔細觀察生銹過程。

準備材料　幾種不同材質的釘子、透明塑膠杯、木筷、棉線、砂紙

把釘子準備好

可以去五金行購買各種不同材質，但大小相同的釘子。

「銅釘」可選含銅量多的黃銅製釘子，「鐵釘」、「不銹鋼釘」要購買有標示主要成分的種類。

如果還是不太清楚，就直接詢問店員，請他協助選購該成分含量較多的釘子。

在進行實驗之前，跟【實驗1】一樣要先用砂紙磨亮釘子。

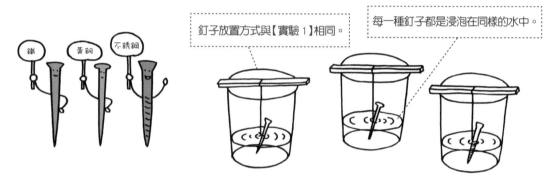

釘子放置方式與【實驗1】相同。

每一種釘子都是浸泡在同樣的水中。

〈例〉　　放置地點：客廳（浸泡在水裡）　開始時間：○月／○日／○時

	3小時後	6小時後	24小時後	3天後
鐵釘	沒有變化	沒有變化	⋮	⋮
不銹鋼釘	⋮	⋮	⋮	⋮
銅釘	⋮	⋮	⋮	⋮
黃銅釘	⋮	⋮	⋮	⋮

與【實驗1】一樣，要把放置的地點與日期寫下來，並將生銹的過程記錄清楚。

把釘子泡到水中前，先把釘子原本的狀態拍下來。為了更清楚分辨出釘子的材質，可以在杯子外側寫上釘子材質，或直接貼上標籤也 OK！

黃銅是以銅與鋅為組成主要成分的合金。
其實，黃銅製的釘子在我們的生活中很常見，許多木製品都為使用黃銅釘來固定！

釘 子實際生銹的情況與實驗前所做的預測一樣嗎？

這次實驗的主要目的，是調查「金屬在有液體與空氣的地方，會如何形成銹」。其實，走出屋外就可以發現金屬物品通常都沾附著含有水分的土壤或泥巴。

同時，也可以試著做別的實驗，像是金屬製物品在「泥水」「水」「自來水」「雨水」等水中，生銹的方式又會有什麼不一樣？在購買釘子的店家，不妨也問問店員或師傅，把詢問結果加進研究裡。

銹，是由於金屬的氧化（與氧結合）所造成的現象。如果想要更進一步確認銹是由於氧化所造成的話，可以利用乾燥劑營造出氧氣較少的狀態再進行實驗，並與其他放置在正常空氣下的釘子做比較，應該會得出很有趣的結果喔！

將杯子與乾燥劑放入箱子內，營造低氧的環境。

乾燥劑

更多的

實驗 & 觀察

■ 用拋棄式暖暖包做實驗

拋棄式暖暖包的原理是，把暖暖包拆開外包裝，使裡頭鐵粉開始氧化而散發出熱能。這次就親自來確認，暖暖包裡的鐵粉是否有產生氧化現象呢？

● 把鐵粉倒進寶特瓶裡的話……

準備材料 拋棄式暖暖包（非黏貼型）、寶特瓶（瓶身柔軟的）

將拋棄式暖暖包拆封，也拆掉白色外帶，並迅速將鐵粉倒入寶特瓶，確實把瓶蓋鎖緊後，搖晃寶特瓶一陣子。等到鐵粉散熱完畢會發生什麼事呢？

等到鐵粉氧化，寶特瓶中的空氣就會減少。那寶特瓶會受大氣壓力的影響而凹陷嗎？

● 把暖暖包黏杯底，倒蓋在水裡的話……

準備材料 拋棄式暖暖包、透明杯子、能放入杯子的容器、水、雙面膠、1元硬幣3個

用雙面膠把拆開外包裝的拋棄式暖暖包黏在杯內底部。依下圖在裝水容器中放3個1元硬幣，再直接把杯子倒蓋在裡頭（暖暖包不要碰到水喔），如此一來，杯裡空氣便會擠壓到水。放置一陣子之後，會發生什麼事呢？

要等暖暖包完全發熱後，再黏貼到杯子底部。

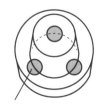

1元硬幣

霉的研究

在冰箱裡發現切半的檸檬上居然發霉了。
如果就這樣放著不管的話，霉可能會愈長愈多，
而且似乎還會連帶轉移到放在旁邊的蘋果呢！
霉，到底有沒有生命呢？又是如何繁殖的呢？

這些地方可以發現「霉」的痕跡！

日常生活中經常可以看見霉的蹤跡。
不只是食物而已，物品也會發霉。
那麼，哪些物品或地方特別容易發霉呢？

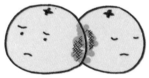

＊緊靠一起的兩顆橘子，緊
貼的側面發霉了！

＊上次沒吃完的麻糬，長出
了各種顏色的霉！

＊把開過的果醬放在冰箱裡
一陣子，打開瓶蓋一看，
果醬表面長霉了！

＊浴室牆壁磁磚縫隙中，變
得黑黑髒髒的，這也是發
霉嗎？

研究重點看過來

　　很多地方都可以看見霉的蹤影。其實，霉是一種屬於「菌類」的生物。如果刻意想讓物品發霉，反而很難達到目的，就算真的發霉了，也不容易用肉眼觀察到。

　　這次的實驗，推薦用「寒天」來進行。因為寒天是透明的，一旦發霉很容易就能看出來，進而仔細觀察。試試看親手製造霉，也想想看，什麼樣的條件下容易讓霉繁殖呢？

1 ▶▶▶ 哪裡是容易發霉的地方？

在家裡的各個角落，實際比較發霉的速度與情形吧！
將寒天放在潮溼的浴室、洗手臺與通風良好處，讓寒天自然發霉。
記得每天都要在同樣的時段觀察寒天的狀態喔！

▌準備材料 寒天粉、砂糖、透明塑膠杯、剪刀、保鮮膜、橡皮筋、油性筆

實驗用寒天自己做

使用市售的寒天粉，並依照外包裝上的製作方式，製作這次實驗要用的寒天。加入少許砂糖，就能讓寒天更快發霉。先將塑膠杯裁剪成剩一半的高度，再將寒天裝入杯內等待凝固，此時要注意別讓手指觸摸到寒天表面。接著，在杯口蓋上保鮮膜，再以橡皮筋固定住。放置紙杯的地點與開始進行的日期、時間，都要詳細記錄。

註 使用火時，一定要在大人的陪同下進行。實驗要用的寒天絕對不可食用。

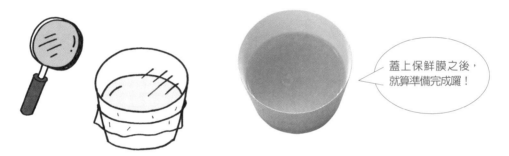

> 蓋上保鮮膜之後，就算準備完成囉！

〈例〉 觀察時間：○月○日～○月○日／每天○點

地點＼日期	第1天	第2天	第3天	第4天
浴室	沒有變化	⋮	⋮	⋮
洗手臺	沒有變化	⋮	⋮	⋮
陽臺	沒有變化	⋮	⋮	⋮
玄關	沒有變化	⋮	⋮	⋮

> 觀察寒天時，要將保鮮膜掀開來，將每個不同地點放置的寒天狀態，都用圖畫（或照片）與文字記錄下來。寒天發霉的情形則可以色鉛筆來表現。

手上細菌一旦接觸寒天，就很容易影響發霉速度，所以千萬別觸碰到已凝固的寒天，否則會造成比較基準不一致。另外，先和家人商量之後，再決定放置寒天的地點吧！

環境溫度與霉的巧妙關係

將實驗用的寒天分別放置於溫度較高與溫度較低的地方，
並仔細觀察在不同溫度下，寒天發霉情形的差異。

準備材料 實驗用寒天（參考【實驗1】）、電暖袋等保溫器具、溫度計

放置地點學問大 ※ 先用溫度計測量好各個地點的溫度。

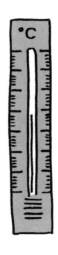

● 溫度較高的地方
把寒天放在電暖袋之類的保溫器具上，或將暖暖包放進保麗龍保冷箱內，再將寒天放進箱子。記得在寒天旁放溫度計，溫度一旦降低，就要更換新暖暖包。

● 溫度較低的地方
冰箱冷藏庫裡。

● 常溫
選擇家中一整天下來，溫度變化較小且溼度較低的地方（如玄關）。

〈例〉　　　　　　　　　觀察時間：○月○日～○月○日／每天○點

地點＼日期	第1天	第2天	第3天	第4天
天	沒有變化	:	:	:
保麗龍＋暖暖包（高溫）	沒有變化	:	:	:
冷藏庫（低溫）	沒有變化	:	:	:
玄關（常溫）	沒有變化	:	:	:

每天都要在同樣時間觀察。發霉情況建議用色筆畫下來。留意每個地方早中晚溫差要在 ±2℃內。以長條圖表現每個地點的溫度變化，讓這個實驗記錄更完整。

利用相機將寒天放置處的環境、發霉狀況等，都拍攝下來。等待發霉的過程也要一併拍攝，與圖畫一起進行比較，統整出結論。

這次比較的是在不同溫度下的發霉狀況，因此要盡量維持放置地點的溫度一致，若真無法避免溫度大幅改變，就計算出一整天的平均溫度吧！

傳治郎老師指導
統整 · 歸納 · 結論

★寒 天上長出了什麼樣的霉呢？

到了梅雨季節，東西動不動就發霉的原因在於「溼氣與溫度都是很適合讓霉繁殖的環境」。不過，霉畢竟是生物的一種，很有可能不照預期步調繁殖，短時間內不見得順利發霉，記得保持耐心，進行長時間的觀察。

現代房子設計很好，大部分會考量通風，整個家的各個地點，環境條件應該不會有太大差異。不妨趁著出門旅遊時進行這個實驗，看看結果會不會跟在家裡不一樣。此外，有時候客廳的溼氣反而比浴室重，特別是冬季。因為家人全都聚在客廳，而讓整體環境變得溫暖潮溼的緣故。

除了寒天之外，也可以利用白吐司來做實驗。做實驗時，花點心思避免讓麵包過度乾燥，並且盡量選擇沒有添加防腐劑的麵包來進行實驗。

科學知多少?! ❺

■ 讓食物美味加分的發霉

發霉真的讓人討厭，但有些東西發霉後反而更有用處。有時候，發霉會讓食物變得更美味，甚至成為製作食物時不可或缺的重要因子。接下來，就要來介紹利用發霉製成的食物。

註 實驗中所培養的霉，是絕對不可以食用的。

＊味噌‧醬油

味噌與醬油都是利用麴菌發揮作用所製成的食品。將麴菌拌撒在米或麥中，製成「米麴」或「麥麴」，熟成後就能製造出美味的味噌或醬油。除此之外，日本酒或燒酒等酒類中，也有使用麴菌。

＊柴魚

將煮熟的鰹魚焙乾之後，反覆幾次長出麴菌、再清掉麴菌的過程，最後才能製成柴魚。一般市面上販售的柴魚片，就是將做好的柴魚削成薄片後裝袋販售。

＊起司

像是表面有白色霉絲的卡芒貝爾乾酪（Camembert），或內部有藍色黴菌的藍紋乳酪等，都是透過發霉而製成。

物體通電 YES or NO

大部分人都很清楚知道「金屬」是個導電體，
不過，手邊的湯匙或叉子也能通電、點亮燈泡嗎？
除了金屬之外，還有什麼材質是可以通電的呢？
馬上就利用這次的實驗，找出生活中的導電體吧！

燈泡＋電池＋鐵釘＝導電測試器！

來做測試通電的設備吧。一根釘子與燈泡連接，一根釘子與電池連接，把想
確認「是否能通電的物品」，夾在兩根釘子中間，要是燈泡順利點亮，就證
明這個東西可以通電。

準備材料　燈泡、插座、銅線、電池盒（1 號電池用）、1 號電池、鐵釘

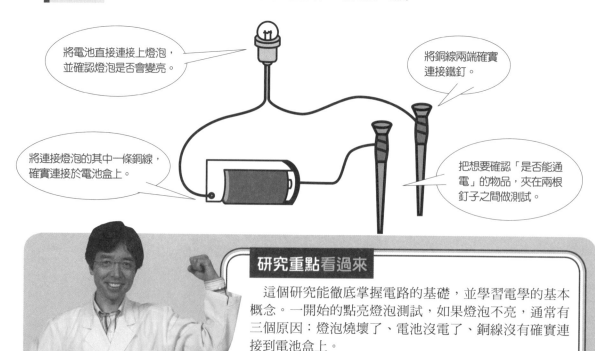

將電池直接連接上燈泡，並確認燈泡是否會變亮。

將銅線兩端確實連接鐵釘。

將連接燈泡的其中一條銅線，確實連接於電池盒上。

把想要確認「是否能通電」的物品，夾在兩根釘子之間做測試。

研究重點看過來

　　這個研究能徹底掌握電路的基礎，並學習電學的基本
概念。一開始的點亮燈泡測試，如果燈泡不亮，通常有
三個原因：燈泡燒壞了、電池沒電了、銅線沒有確實連
接到電池盒上。
　　每個實驗都不可能第一次就成功，記得拿出毅力多嘗
試幾次唷！

1 ▸▸▸ 找出可以通電的物品

既然動手做了通電測試設備,那就趕緊來進行實驗,測試各種物品是否能通電吧!把想要確認「是否能通電」的物品,夾在兩根釘子之間,燈泡亮了,就代表物品可以通電。

準備材料 親手做的測試通電設備、想要確定「是否能通電」的物品

> 利用自己親自動手做出的測試設備,實際檢查看看各種物品的通電情況吧!

先預測結果,再進行實測

● **應該能通電的物品**

· 金屬製餐具
· 不銹鋼的水壺
· 鋁罐
· 鋁箔紙
· 金色或銀色的紙

● **可能無法通電的物品**

· 玻璃杯
· 木頭筆身的鉛筆
· 橡皮擦
· 自動鉛筆
· 各種硬幣
· 洋芋片的包裝袋

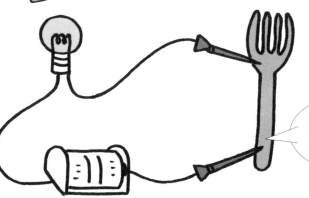

> 將釘子碰觸想要得知能否通電的物品兩側,並保持一定的距離。

> 將能通電的物品與無法通電的物品製成表格,並將實驗中注意到的事下來。

> 利用相機將測試的過程拍下來。此外,若是有超乎預期的物品能(或不能)點亮燈泡,也要特別拍下來喔。

〈例〉

能點亮燈泡的物品	無法點亮燈泡的物品
鋁箔紙	橡皮筋
:	:

實驗中,記得使用全新的電池。有什麼東西是預期可以通電,結果卻不行的呢?反之,以為無法通電的物品,卻成功點亮燈炮的東西又是什麼?另外,不妨試試看放在甜點上的裝飾銀珠※能不能通電吧!

※**什麼是裝飾銀珠?** 就是在糖粒外裹上食用銀粉,經常用來點綴甜點。

②　▶▶▶　連接兩個以上能通電物品，燈泡會亮嗎？

前面實驗已經用測試設備找出可以通電的物品了。但把兩個以上可通電的物品連接，也可以通電嗎？如果是可通電但燈泡亮度微弱的物品，在這個實驗中又會如何呢？

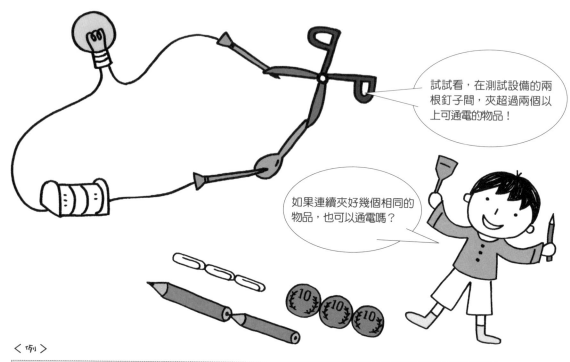

試試看，在測試設備的兩根釘子間，夾超過兩個以上可通電的物品！

如果連續夾好幾個相同的物品，也可以通電嗎？

〈例〉

測試的物品	燈泡是否有發亮	狀態
叉子 & 湯匙	○	燈泡很亮
鉛筆筆芯 & 剪刀	○	燈泡的亮度很微弱
⋮	⋮	⋮

將測試物品與實驗結果製作表格，藉此統整結論。燈泡的亮度也要記得記錄下來。

把測試設備夾超過兩個以上可以通電的物品的模樣拍下來，這樣一來觀察更方便。

在【實驗1】中只能讓燈泡發出微弱光亮的物品，連接兩個以上，再次進行實驗，會得到什麼結果呢？此外，原本能讓燈泡發出明亮光線的物品，在其中夾入只能發出微弱光線的物品，又會呈現什麼狀態呢？還要觀察只夾入單一物品，與夾入好幾個相同物品的燈泡發光程度，又會有什麼所不同？

透　過自己親手做的「測試設備」，成功點亮燈泡的當下，應該會覺得很有成就感吧！

舉例來說，無論是鉛筆筆芯或自動鉛筆筆芯，都含有一種叫做石墨的金屬成分。顏色愈深的鉛筆，石墨的含量就愈多 —— B的石墨含量高於H、4B的石墨含量又高於2B，石墨含量愈高，能讓燈泡發出愈明亮的光線。

另外，人類身體中也含有許多鐵質。雖然照理來說應該要可以通電，但實際上卻無法讓燈泡點亮。因為阻礙通電的東西愈多，就會導致通電量不足，而無法讓燈泡順利發出亮光。

其實，有些高濃度的食鹽水等液體，也可以達到通電的效果。要是可以取得專用的測試設備，務必測試看看喔！

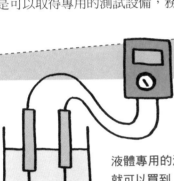

液體專用的測試設備在五金行就可以買到。

到底有哪些液體是可以通電的啊？

科學知多少 ?! ❻

■ 電的單位

用來計算「電」的單位有很多，以下要介紹的是，生活中比較常使用的單位。

＊安培（符號為 A）
表示電流（電線中流動電量）的單位。
是為了紀念法國物理學家馬德烈馬里安培而命名。

＊ 伏特（符號為 V）
表示電壓（電流流動的力量）的單位。
為了紀念義大利物理學家亞力山德羅伏打而命名。

＊ 歐姆（符號為 Ω）
表示電阻值（物體對電流通過的阻礙能力）的單位。
是為了紀念德國物理學家蓋歐格歐姆而命名。

＊ 瓦特（符號為 W）
表示電功率（單位時間流過的電能）的單位。
為了紀念英國數學家詹姆斯瓦特而命名。

充滿驚奇的結凍實驗

有些東西就是要冰冰涼涼的才美味好吃啊！
雖然想把食物都放進冷凍庫，但空間實在有限，
平常有看過香蕉或豬肉在冷凍庫而結凍的樣子嗎？
可是，真的不管冰任何東西，都會結凍嗎？

在冰塊上撒鹽會怎樣？！

用「鹽」與「冰塊」做個簡單的實驗吧！
鹽具有讓冰塊溫度下降的功用，把冰塊從冷凍庫拿出來，再撒上一點鹽，會發生
什麼變化呢？試著讓曾經融化過的冰塊再度結凍，就能變出許多好玩的實驗囉！

＊冰塊鐘擺

　用水把毛線沾溼後，放在冰塊上，再撒鹽的話……。

＊冰塊塔

　先在排好底座冰塊上灑鹽，接著放上另一顆冰塊，稍微用手指從上方按壓，然後再灑鹽、放冰塊。一直重複同樣的步驟……。

毛線被黏住了！

冰塊黏在一起了！

研究重點看過來

　　一般而言，純水在到達0℃的狀態下，就能結凍，但要是鹽水的話，則需要更低的溫度才會結凍。此外，鹽有降溫的作用，當冰塊與鹽結合之後，可以讓溫度降低至0℃以下。
　　這次的實驗就要利用鹽的降溫特質，在不使用冰箱冷凍庫的情形下，讓各種東西在眼前一一結凍！

1 ▶▶▶ 冷凍各種液體的實驗

事先準備好各式各樣的液體。然後，在大碗中放入冰塊並撒上鹽，接著，把裝有液體的杯子放入「冰＋鹽」的大碗中。仔細觀察液體的變化與逐漸結凍的過程吧！

準備材料　冰塊、鹽、各種液體、玻璃杯或透明塑膠杯數個（盛裝液體的容器）、大碗或大盆子（要能放進數個杯子）、時鐘、溫度計

❶ 將各種液體少量分裝到杯子裡。

❷ 在大碗中倒入冰塊，並把鹽撒在冰塊上。

❸ 將❶的杯子放入❷的容器當中。

※鹽與冰塊的重量比例約1：4時，溫度下降會最順利。不過，即使鹽放的不夠多，溫度還是會逐漸下降。一開始，先放1～2大匙，再慢慢添加也可以。

冰塊的量要比杯子中的液體水面略高一些。

由於溫度下降，容器外也會結凍，記得先在下面墊塊布。

記得要測量加鹽前後的冰塊溫度，並記錄下來。各杯液體的結凍順序、冰塊的狀態也不能漏掉喔！

利用相機把液體結凍的模樣拍下來！

〈例〉　　　　　　　　　　　　　　　　冰塊加鹽前：○℃／冰塊加鹽後：○℃

液體種類	結凍的狀態	是否結凍	開始結凍的時間	幾乎結凍的時間
柳橙汁	（照片或外型描述）	○	10分鐘後	30分鐘後
牛奶	（照片或外型描述）	○	15分鐘後	⋮

把杯子換成實驗試管，液體結凍速度會比較快。當裝液體的容器放入冰塊碗時，把周遭冰塊量調整平均，也能有助於液體結凍。這次實驗要同時觀察加鹽冰塊的狀態與溫度。等冰塊全融化、變成鹽水後，測量溫度是否還會低於0℃呢？
不同種類的油，或不同濃度的鹽水與糖水，結凍結果都會不同，記錄時，不妨在表格中加入濃度標註喔！

實驗 2 ▶▶▶ 瞬間冰凍的過冷（超冷凍）現象

接下來，繼續用「冰塊＋鹽」進行更多有趣的實驗吧！

在比水溫還低的「冰塊＋鹽」組合中，放入裝水的杯子。

照理來說，水在0°C以下的環境應該要結凍，但有時可能不會完全結凍。

這種快結凍卻還沒結凍的狀態，就能進行讓水瞬間結凍的實驗了。

準備材料　冰塊、鹽、玻璃杯、棒狀溫度計、大碗或大盆子

❶ 將玻璃杯仔細清洗乾淨，再裝入少量的水。

❷ 將冰塊放入大碗裡，並撒上大約2大匙的鹽。

❸ 將❷的玻璃杯放入❶的容器中。記得往下放一些，讓冰塊超過玻璃杯中水面的高度。

❹ 將棒狀溫度計放入玻璃杯中，觀察溫度變化。

❺ 當溫度顯示為0°C時，玻璃杯中的水是否仍未結凍呢？

❻ 當溫度降至-2〜-3°C時，玻璃杯中的水仍未結凍的話，就將小碎冰輕輕地丟入水杯中。

❼ 此時，玻璃杯中的水就會瞬間結凍了。

> 把小碎冰輕輕地丟入水杯中！

用相機將已經冷卻但未結凍的水，從正上方拍攝記錄其狀態。
把瞬間結凍的玻璃杯，從大碗中取出再拍照，就能將結凍的狀態拍攝得更清楚。

把玻璃杯中的水溫變化記錄下來。

由於水與鹽發揮作用，使玻璃杯中的水即使降到0°C以下，也不會結凍。水在0°C以下卻沒有結凍的狀態，稱為「過冷水」。主要原因是溫度緩慢降低，讓水錯過變成冰塊的契機。這時在水中放入小碎冰，就能讓水在一瞬間結凍。
值得注意的是，實驗過程中就算只是搖晃杯子，也會讓水瞬間結凍。所以，盡量不要把玻璃杯從大碗中取出，放在碗中觀察就可以了。

傳治郎老師指導
統整・歸納・結論

★ **這** 個單元利用取得方便的冰塊和鹽，進行了好幾個實驗。除了要運用雙眼觀察之外，還要試著用自己的話說明結論。

像是做成果汁冰塊等可以吃的冰塊後，就直接品嘗滋味如何吧！如果發覺實驗中做的果汁冰塊，與直接冷凍的嘗起來不太一樣，也可以再朝這方面深入研究。

關於水與冰塊的研究或實驗中，在〈日常研究室17〉以不同體積或冰塊顏色做為主題，也會很有趣呢！

不如就一邊享受著冰塊的沁涼，一邊朝著各種方向讓研究超展開吧！

更多的 **實驗&觀察** ■ **全透明的冰塊 vs. 有色的冰塊**
在家就能輕鬆製作全透明冰塊和有色冰塊。
利用一點小技巧，親自動手做看看吧！

● 全透明的冰塊
一般來說，從冷凍庫裡拿出來的冰塊會混雜著一些白色部分，並不是完全透明的。這是因為水中混入了空氣的緣故。
讓水完全沸騰、把空氣完全排出之後，再放進冰箱冷凍，就可以製作出全透明的冰塊了！
在水中放入花瓣再冷凍，成品會很漂亮唷！

● 有色的冰塊
來做色彩集中在冰塊中心的冰柱吧！
在杯子裡倒入水與少許食用紅色色素，調出帶有淡粉紅色的水。把保鮮膜覆蓋在杯子上，再用毛巾包裹杯子，將杯子放在保麗龍板上再放入冷凍庫，讓杯中的水慢慢結凍。
藉由緩慢的結凍過程，水會從外側開始慢慢結凍、同時水中的色素則會被推擠至中央，如此一來就能製作出色彩集中在中心的冰塊囉！

> 用毛巾包住水杯，外頭用橡皮筋固定好。

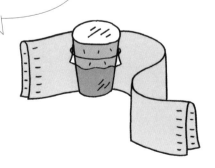

63

製造閃閃動人的結晶

朋友送了我一塊「鹽的結晶」當生日禮物呢！
鹽的結晶散發出閃爍光芒，看起來真的好漂亮。
不曉得鹽剛開始結晶的時候，是呈現什麼形狀呢？
話說回來，自己動手做，也能做出鹽的結晶嗎？

仔細觀察鹽的結晶體

利用放大鏡仔細觀察鹽，來看看結晶的模樣吧！
疊放兩個放大鏡，可以將結晶形狀看得更清楚。

醬油

鹽水

海水

* 屬於調味料的鹽結晶
將平常做菜時常會使用到的
鹽，放在深色的紙上，仔細
觀察看看吧！

* 從海水中分離出來的鹽結晶
去海邊玩的時候，裝一點海水
帶回家。做法跟醬油鹽結晶一
樣，將海水倒入小碟子裡，耐
心等待水分蒸發。每個區域的
海水都會有些許差異，多調查
幾處海域吧！

* 從醬油中分離出來的鹽結晶
將醬油倒在小碟子裡，直接擺放
一段時間，等到水分全部都蒸發
後，鹽的結晶就會現身了。試著
從各角度觀察醬油的鹽結晶吧！

利用小鍋子來煮海水，
也可以讓結晶現身唷！

研究重點看過來

　　結晶是分子與原子以有規則的排列組合所結合成的物
體。結晶體漂亮的外觀，讓人光是盯著看就能沉醉其
中。

　　不只是鹽巴，像是砂糖、小蘇打粉、明礬等，也都會
形成結晶。這次實驗就是要利用容易形成結晶的明礬，
親自動手做結晶，並進一步培養成大顆的結晶喔。

實驗 1 ▶▶▶ 動手做明礬的結晶吧！

先將明礬溶入水中，再從明礬水溶液中製造小小的明礬結晶。

做實驗的同時記得一邊思考「為什麼會形成結晶」吧！

準備材料 明礬、水、鍋子、料理用的長筷子、底部平坦的塑膠製容器（如便當盒）

小的明礬結晶這樣做

❶ 在鍋子中裝400ml的水與80g的明礬，並用火熬煮。

❷ 等到明礬完全溶化之後，再將鍋子移開瓦斯爐。

❸ 將明礬水溶液倒入平坦的塑膠容器（高度約3cm）。
剩下的明礬水溶液直接留在鍋子裡即可（【實驗2】會繼續使用）。

❹ 放置半天後，容器底部就會出現大量的微小結晶顆粒。

註 使用火的時候，務必要在大人的陪同下進行。

將製造出的明礬結晶放在顏色較深的紙上，再利用相機拍下來，就能更清楚地觀察出結晶的狀態。

仔細觀察明礬結晶的數量、大小與狀態，並記錄下來。

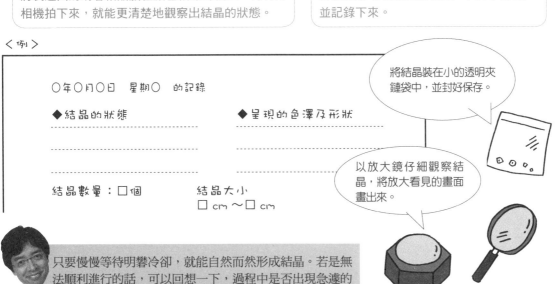

< 例 >

○年○月○日　星期○　的記錄

◆ 結晶的狀態

◆ 呈現的色澤及形狀

結晶數量：□個　　　結晶大小
　　　　　　　　　　□ cm ～ □ cm

將結晶裝在小的透明夾鏈袋中，並封好保存。

以放大鏡仔細觀察結晶，將放大看見的畫面畫出來。

只要慢慢等待明礬冷卻，就能自然而然形成結晶。若是無法順利進行的話，可以回想一下，過程中是否出現急遽的溫度變化，調整之後，再重新做一次。

2 ▶▶▶ 培養大型的明礬結晶

運用在【實驗 1】的細小結晶，製造出更大的明礬結晶吧！
實驗中，別忘了要仔細觀察結晶慢慢變大的過程。

準備材料 在【實驗1】製造的細小結晶、釣魚線、明礬水溶液（【實驗1】用剩的即可）、明礬、鍋子、
玻璃瓶（約400ml）、棒狀溫度計、保冷箱

大的明礬結晶這樣做

❶ 從【實驗1】製造的小型明礬結晶中，選出形狀最整齊、顏色
最透明的一顆。

❷ 將釣魚線剪成恰當的長度，綁住步驟❶選出的小型結晶。

❸ 利用紗布或不織布濾網，將【實驗1】剩下的明礬水溶液過濾
後，倒入另外一個鍋子，再加入約20～25g的明礬，並開火熬
煮。

❹ 等明礬完全溶化，再將明礬水溶液倒入玻璃瓶中，等待水溶
液冷卻至35℃左右。

❺ 明礬水溶液冷卻後，將步驟❷的小結晶放入瓶中（如右
圖所示）。別讓結晶觸碰玻璃瓶底部，並且要將釣魚線
的另一端綁在筷子上架好。

❻ 將步驟❺的成品放入保冷箱中，等待水溶液完全冷卻。
約1～3天左右，就會成長成大型結晶了。

註 保冷箱是指利用保麗龍製造而成的箱子（很多冰品的外包裝
就是保冷箱）。也可以用釣魚專用的釣箱替代。

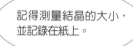

記得測量結晶的大小，
並記錄在紙上。

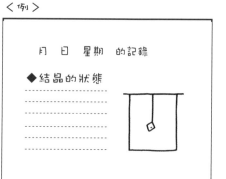

〈例〉

月 日 星期 的記錄

◆結晶的狀態

一定要把明礬結晶由小慢慢變大的過程記錄下來。
將變大的結晶從玻璃瓶中取出，測量結晶的大小與狀態。

你已經成功製造出透明且形狀整齊漂亮的明礬結晶了嗎？
如果玻璃瓶或釣魚線上有髒汙，實驗就很難順利進行。請大家以製造出最大型
的結晶為目標，多挑戰幾次吧！

固 態明礬溶於水的過程，溫度會升高。明礬水溶液冷卻時，就會形成固體，也就是「結晶」。明礬溶於水中的量，會依據溫度變化有所不同，這將會影響後續結晶的形成。

雖然鹽的特性不像明礬具有如此大的差異，不過也能運用同樣方式，製造鹽的結晶。

無論如何，製造結晶必須像小結晶變成大結晶的過程一樣，有一個可以讓結晶附著的「機會」，鐵絲或樹枝都是結晶附著的好機會喔。把鐵絲折成自己喜歡的形狀，製造漂亮的結晶作品。

結晶會附著在折成特殊形狀的鐵絲周圍唷！

更多的

實驗&
觀察

■ 雪的結晶

空氣中的水蒸氣，會因為冷卻而形成結晶。等水蒸氣結晶變大，就會變成「雪」。雪的結晶呈現多樣化，每一種形狀都很漂亮。順帶一提，日本的物理學家中谷宇吉郎，一生都致力於研究雪的美麗結晶呢！

● **各種形狀的雪結晶**

▲中谷宇吉郎

冰塊為什麼會浮起來？

把冰塊放入水中，不一下子就會立刻浮出水面?!
這是〈日常研究室5〉所說到的比重大小的關係嗎？
可是，冰塊是水結凍而成的，比重會不一樣嗎？
明明本質上相同的東西，為什麼變成冰塊後會浮起來呢？

把冰塊放進水裡……

只要將冰塊放入水中，不管情況如何，都會浮起來嗎？
試著放入大小不同的冰塊，觀察冰塊會不會浮起來吧！

＊大顆的冰塊
將大顆的冰塊放入水中，觀察冰塊浮起來的情形。

＊小顆的冰塊
將冰塊打碎之後，再放入水中，又會怎麼樣呢？

把冰塊放進油或酒精裡……

經過家人同意後，把用水製成的冰塊放入油或消毒用酒精中。
這時，冰塊會呈現什麼樣的狀態呢？

註 絕對不可以飲用消毒用酒精。

研究重點看過來

　　依〈日常研究室5〉所說的「比重」，可以得到的結論是「浮在水面上的冰塊，一定比水來得輕」。
　　冰塊和水的本質相同，不過水是液體，冰塊是固體。難道液體變成固體後，就會變得比較輕嗎？就用接下來的實驗來做各種冰塊，實際比較看看吧！

① ▶▶▶ 水與冰塊的超級比一比！

利用水製作冰塊後，進行水與冰塊的體積大小比較。水變成冰塊後，體積是否會改變呢？此外，重量方面又會如何？可以的話，也比較水以外的液體吧！

準備材料 水、鹽水、果汁等液體數種、玻璃杯、相同的量杯數個、紙膠帶（或膠帶）、保鮮膜、電子秤（可測量重量的設備）

比較之前的準備工作

用量杯測量100ml的水、鹽水、果汁等液體，分裝到各個量杯，並測量此時杯子的重量。接著，在杯子上用紙膠帶標示液體的水平面，再蓋上保鮮膜、放入冷凍庫，等待液體結凍。液體完全結凍後，從冷凍庫取出，重新測量與觀察。

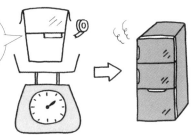

> 放入冷凍庫前，先用膠帶標示出水平面的位置。

> 結凍之後，重量改變了嗎？水位有發生變化嗎？

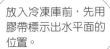

> 把結凍前後的體積變化記下來。如果結凍後的水平面比結凍前的高，就記下「增加」，比較低的話，則記下「減少」。
> 同時要將實驗前後的重量寫下來，並做成表格。若有其他注意到的事項也要詳細記錄。

> 仔細觀察結凍後的冰塊狀態，並用相機拍下來。

> 原來不是每一種液體都會結凍的喔！可以參考〈日常研究室 15〉的說明。

〈例〉

液體＼變化	水平面高低	重量比較	其他
水	增加	○ g → ○ g	⋮
鹽水	⋮	⋮	⋮
果汁	⋮	⋮	⋮

太濃的鹽水不易結凍，試著加水稀釋，並把冷凍庫的溫度調低一些。
假設體積增加，重量還是一樣的話，那麼體積相同的水與冰塊，哪一個會比較重（或比較輕）呢？一起來思考這個問題吧！

2 ▶▶▶ 鹽水冰塊的融化方式

在〈日常研究室 5〉中提到鹽水的比重比水大，也就是說，兩者的體積相同的話，鹽水比較重。那把鹽水做的冰塊放在水中，會發生什麼狀況呢？

這個實驗同時還要觀察「鹽水冰塊融化時的模樣」喔！

準備材料　鹽、水、製冰盒、透明杯子

讓鹽徹底溶於水中！

製作鹽水冰塊

製作鹽水。在杯子裡裝水，並加入約 2 大匙的鹽，均勻攪拌讓鹽徹底溶於水中。接著把鹽水倒入製冰盒，放入冷凍庫冷凍。

鹽水冰塊一落水就會立刻融化。準備好筆記本，開始觀察吧！

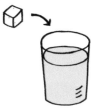

把鹽水冰塊放在水裡會⋯⋯

從製冰盒取出結凍的鹽水冰塊，放入裝了水的杯子，並觀察鹽水冰塊的變化。

〈例〉

時間	冰塊的浮沉情形	狀態	其他發現
20 秒	沉下	沉入杯底	⋮
⋮	⋮	⋮	⋮

製冰盒一次做很多鹽水冰塊，因此可以進行好幾次實驗。剛開始就先用眼睛觀察鹽水冰塊的變化，接著記錄成表格，再利用相機把放入冰塊時、冰塊融化一半的模樣拍下來。為了看得更清晰，可以把色紙放在杯子後側，從杯子側面拍照。

將鹽水冰塊放到水中前，不妨先猜猜看鹽水冰塊會如何融化吧？記得把猜測的理由也寫下來。

鹽水始終不結凍時，可以重新調配較淡的鹽水，再挑戰幾次。

鹽水冰塊放入水中後，融化速度也許會比自己預期的時間還快，因此要先做好觀察與記錄的準備，再開始實驗。

觀察完畢後，把實驗的結果和原本的預測比較，想想看，為什麼會出現這樣不同的結果吧！

進行這幾個實驗後，應該對冰塊有全新發現吧！

把寶特瓶或盒裝果汁放入冷凍庫，結凍後，會發現包裝膨脹，就是因為液體冷凍後體積增加的緣故。話說回來，為什麼結凍會讓體積發生變化呢？

這是因為水與冰塊的分子結合方式有所不同。當型態為水時，分子會呈現分散且隨意移動的狀態（很容易被破壞，也容易隨處流動），但當型態為冰塊時，分子則會呈現整齊排列的六角形結晶，也就是在〈日常研究室16〉說到的狀態。六角形結構的中間會保持空隙，體積就隨之增加了。

鹽水冰塊比一般冰塊來得重，剛開始放入水中時會往下沉，不過，隨著鹽水冰塊慢慢融化，周遭的水也變成鹽水，當比重逐漸相等，鹽水冰塊就會慢慢地浮上水面囉！

<分子移動的狀態差異>

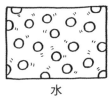

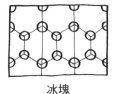

水　　　　冰塊

更多的 實驗&觀察

■ **神祕的冰塊 —— 由於體積變化所產生的現象**

在很多的自然現象中，能觀察到水結凍而導致體積增加的現象。
一起來看看這些充滿神祕氣息卻強而有力的結凍現象吧！

● **霜柱**

在寒冷或海拔較高的地區會出現的霜柱，是由於土壤中的水分結凍，導致土壤被抬高的現象。可見冰塊非常強而有力呢！

● **御神渡**

當湖面全結冰時，由於冰的收縮現象所產生的湖面裂縫，會因為膨脹而導致裂縫往上抬起，看起來就像是一條道路一樣。
在日本某些地方（如長野縣的諏訪湖、北海道的曲斜路湖）常會發生這種現象。看起來充滿了神祕氣息的冰，就像神明的通道一樣，因此被稱為「御神渡」現象。

白天限定的太陽光實驗

天氣晴朗的時候，頭頂上的豔陽真的好灼熱！
一直待在這麼炎熱的陽光底下，感覺好像快燒焦了。
反正都這麼熱了，不妨就利用陽光的熱能，
來進行各種有趣實驗，緩和一下身體的熱氣吧！

太陽的熱能有什麼威力？

太陽底下與樹蔭底下的溫度，究竟會有多大的差距呢？
挑一個天氣晴朗的日子，測量不同位置的溫度吧！

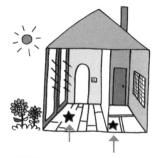

＊家裡
測量家中靠南邊的窗戶旁，最好是太陽能直接照到的地方（窗簾要記得拉開），與靠近北邊或整天都照不到太陽的地方。

＊海邊
測量陽光直射的海邊沙灘上，與遮陽傘下方或建築物下方等陰影處。

＊公園廣場
測量太陽長時間照射到的地方，與樹蔭下方。

研究重點看過來

　　利用盛夏才會有的炎熱陽光，來進行各種有趣的研究。猜猜看，運用陽光的熱能，到底可以辦到哪些事情，並親身體會陽光的威力吧！

　　進行實驗時，一定要注意自己的身體狀況，長時間曝晒在陽光下，要做好防晒與水分補充，以防中暑。

① ▶▶▶ 用放大鏡收集太陽光

放大鏡屬於凸透鏡，能夠透過鏡片折射光線，將陽光集中到一個焦點。將陽光集中於紙上一點後，調查需要花多久時間紙張會開始燃燒，同時要觀察燃燒的方式。

準備材料 放大鏡（大、小都要準備）、圖畫紙數張、簽字筆、碼表（手表）、溫度計

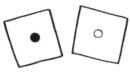 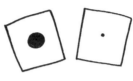

晴天做實驗

找個出太陽的豔陽天來進行第一個實驗。

用簽字筆在圖畫紙上畫一個黑色圓圈，再將圈內塗滿。另外一張紙只要畫黑色圓圈（不塗滿）。接下來，用放大鏡收集陽光，使陽光折射在黑點上。

建議在不同的時間（上午、中午、傍晚等）做實驗，比較紙張燃燒狀況或程度，像是需要花多久時間紙張會開始燃燒等。

陰天做實驗

選在陽光偶爾露面的陰天實驗，步驟和晴天時相同。先觀察陰天太陽呈現什麼樣的狀態，並收集太陽光試著燃燒紙張。

將比較結果做成表格。進行實驗的日期、時間與當下的氣溫等，都要記得詳細寫下來。此外，紙張燃燒時散發出的氣味與狀態，也不能忘了記錄喔！

不僅如此，還要從每一個實驗的結果中，思考「在什麼樣的條件下，紙張最容易燃燒」這個問題，並將燃燒後的紙張收集起來，貼在同一個平面上，仔細觀察吧！

使用不同大小放大鏡的差異

挑個大晴天，用不同大小的放大鏡來做實驗，比較從一開始到燃燒所需花費的時間，是否會出現差異。

黑點大小的差異

在紙上畫出不同大小的黑點，比較燃燒的方式或時間是否有所差異。

請其他人幫忙把紙張開始燃燒的狀態拍攝下來。

 利用放大鏡燃燒紙張，是一個非常好玩的遊戲。不過，遊戲變實驗時，就必須先決定好各種要進行比較的項目，也要盡量準確地測量燃燒所需時間與當下氣溫。

還可以用放大鏡收集陽光折射到杯水裡，試試看能否藉此讓杯子裡的水溫提高喔！

2 ▶▶▶ 陽光可以把蛋煮熟嗎？

這次要用能收集更多陽光的凹面鏡裝置，試著來做出水煮蛋！
實驗中，要仔細觀察水溫變化與雞蛋被煮熟的過程。

準備材料 木板（約100cm×50cm左右）1片、大型厚紙板（與木板差不多的大小）、鋁箔墊（會閃閃發亮的款式，約為2片木板的大小）、水泥磚4～6個、膠帶、金屬便當盒（或金屬製的黑色容器）、溫度計、石頭或磚塊2～3個、生蛋2～3個、水、工作手套、太陽眼鏡、時鐘

收集陽光的凹面鏡裝置

註 要在大人陪同下進行實驗。

❶ 在木板與大型厚紙板上黏貼鋁箔墊。盡量將鋁箔墊拉平再貼，讓鋁箔墊與木板、大型厚紙板緊密貼合。

❷ 將貼了鋁箔墊的木板鋪在地上，再將水泥磚放在鋁箔墊上方的左右兩側，讓貼了鋁箔墊的厚紙板靠在水泥磚上，形成一個具有弧度的凹面鏡裝置，並用膠帶固定。

❸ 在金屬便當盒中放入生蛋，加入剛好淹過蛋的水量。

❹ 把裝置放在陽光最強的地方，架起石頭或磚塊當平臺，並把❸放在上方。

＊ 請在大晴天的上午與中午進行實驗。
＊ 選擇陽光能直接照射半天以上的地點。
＊ 貼有鋁箔墊的厚紙板要朝向陽光照射方向放置，並調整角度讓鋁箔墊確實反射陽光。
＊ 因為鋁箔墊與金屬製飯盒都會變熱，記得戴工作手套再觸碰這些物品。
＊ 調整鋁箔墊角度與進行實驗時，請不要直視反射的光線，以免造成眼睛疼痛，也絕對不可以直視太陽。

＜例＞ ○月○日 天氣：晴

時間	水溫	氣溫	狀態
10：00	16°C	23°C	⋮
⋮	⋮	⋮	⋮

將布置好的凹面鏡裝置用相機拍下來。當便當盒中的水面產生變化（如冒泡時），也要記得拍照記錄。

每隔一段時間（如間隔 10 分鐘），測量一次便當盒中的水的溫度，與當下的氣溫，並記錄下來。測量氣溫時，注意不要在鋁箔墊上方測量。

實驗過程中，可先切開其中一顆蛋，觀察裡頭狀態。由於便當盒與水會變得非常燙，因此要用濾網等工具把水煮蛋撈起來。
雖然說，天氣不夠晴朗時應該無法煮出水煮蛋，還是得挑個陰天試做同樣實驗，並將測量數據和晴天做的實驗比較。溫度計測量水溫時，每次都要放到同樣的深度喔！

★**用** 凸面鏡折射與凹面鏡反射原理來收集陽光，得到的結果是不是遠遠超乎想像呢？而且利用不同大小的放大鏡，會得到不同的結果，用不同大小的凹面鏡，結果可能也會不一樣嗎？

事實上，愈大的放大鏡或凹面鏡，愈能將陽光集中在一個點，變成更強的熱能。

光線分成很多種，其中會釋放熱能的光線被稱為紅外線。所謂「聚光太陽能熱發電」就是利用鏡片與反射板來收集陽光，以陽光的熱能製造蒸氣、並讓渦輪發動機運作。簡而言之，就是將陽光轉換成電力的一種方法。由於太陽能熱發電不會產生二氧化碳，可說是對地球極為友善的一種能源來源。

更多的 實驗& 觀察

■ 太陽光電發電

除了聚光太陽能熱發電外，還有其他能將陽光的熱能轉換為電能的方式。
近期最受矚目的太陽光電發電就是其中之一，這是利用太陽能電池將陽光的熱能直接轉變為電能的發電方式。

太陽能電池的最小單位是太陽能電池元件（CELL），為了使許多元件能放在屋外使用，太陽能模組就是發揮保護效果的工具。只要在屋頂之類的地方整齊排列太陽能模組，就能達到太陽光電發電的效果。
市面上也有在販售能讓車子或玩具移動的太陽能模組與馬達組合，有機會的話，一定要透過這些裝置實際操作，就能親身體驗到陽光的威力有多強大了！

如左圖將許多塊太陽能電池元件組合在一起，組成太陽能模組，鋪在屋頂上吸收陽光，就能利用陽光來發電。

擺的研究

有一次，在某個地方看見了古老的鐘擺式時鐘。
鐘擺左右搖動的畫面，像是為時間烙印下了印記！
節拍器也是透過指針左右搖動，來維持一定速度，
那麼指針向左或向右時，幅度都是一樣的嗎？

用金屬墊片環做單擺

利用「金屬墊片環」就能做單擺玩具喔！
先觀察左右搖動的幅度是否相同，再改變擺動幅度重新比較。

準備材料 掛勾、長條形木材、黏著劑、釘子、有刻度襯墊紙、棉線、金屬墊片環

單擺掛臺的架設

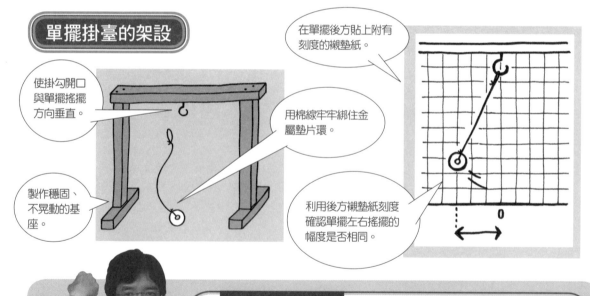

在單擺後方貼上附有刻度的襯墊紙。

使掛勾開口與單擺搖擺方向垂直。

用棉線牢牢綁住金屬墊片環。

製作穩固、不晃動的基座。

利用後方襯墊紙刻度確認單擺左右搖擺的幅度是否相同。

研究重點看過來

　　仔細地觀察單擺的擺動，是不是覺得有點不可思議又有趣呢？藉由單擺擺動可以歸納出「擺」的特性。
　　更換成想要比較的物品，則可以在同樣的條件下進行實驗。試著找出擺動的法則吧！

1 ▶▶▶ 不同條件下的擺動規則

先用金屬墊片環做成單擺,來設定不同的擺動條件吧!擺動幅度改變,會不會像節拍器那樣,擺動速度跟著改變?掛繩長度改變,又會有什麼變化?計算單擺一分鐘內來回擺動的次數,來比較擺動的速度(擺動愈多次,速度愈快)。

準備材料 金屬墊片環做的單擺數個、碼表

擺動幅度改變後,擺動速度會改變嗎?

先把預測的結果寫下來,再進行實驗。當擺動幅度分別為5cm、10cm、15cm時,計算單擺在1分鐘內會來回擺動幾次。實驗時,要用碼表準確地測量時間。每種幅度都要分別測量3次,再計算平均次數。

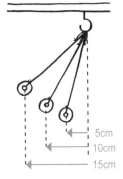

〈例〉 1分鐘內來回擺動的次數

擺動幅度	第1次	第2次	平均
5cm	○次	○次	○次
10cm	⋮	⋮	⋮
15cm	⋮	⋮	⋮

調整掛線的長度,擺動速度會改變嗎?

一樣要先預測並寫下來,再開始實驗。過程中,只調整掛線長度,以同樣擺動幅度計算單擺在1分鐘內來回擺動次數,並比較不同長度的條件下,單擺擺動的速度。嘗試把掛線長度設定為原本的2倍、3倍(如10cm、20cm、30cm),製作3種單擺進行實驗。每種長度都要分別測量3次,再計算平均次數。

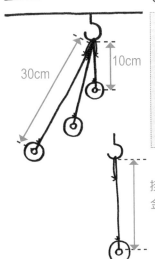

〈例〉 1分鐘內來回擺動的次數

線的長度	第1次	第2次	平均
5cm	○次	○次	○次
10cm	⋮	⋮	⋮
15cm	⋮	⋮	⋮

掛線要計算掛勾到綁住金屬墊片環的長度。

實驗進行時,必須盡量維持同樣的條件。如果出現沒辦法精準判斷次數的情形,就以四捨五入方式計算成「約○次」。是否已經掌握單擺擺動的法則了呢?也可以多加幾個金屬墊片環再做一次實驗,觀察重量對於擺的影響。

2 ▶▶▶ 單擺共振的實驗

利用【實驗 1】掌握到的單擺法則當基礎，進行更多有趣的實驗吧！

準備材料 掛線、金屬墊片環、尺、剪刀、拉開掛線物品（如利用兩張椅子製造的距離）

單擺來回擺動1次的速度，取決於單擺（掛線）的長度。把同樣長度的單擺並列，其中一個單擺擺動時，另外一個單擺會發生什麼現象呢？

當2個以上單擺的擺動互相傳遞，就被稱為「共振」。用椅子之類的物品綁住掛線兩端，並綁上單擺來觀察共振情形吧！

並列 2 個長度相同的單擺，讓其中一個開始擺動的話……

製作2個掛線長度相同的單擺，再並列綁在同一條線上。
只將其中一個單擺抬起來（注意不要碰到另外一個單擺），
讓單擺開始擺動，觀察這兩個單擺接下來的擺動狀態。

並列 3 個以上長度相同的單擺，讓其中一個開始擺動的話……

製作3個（或以上）掛線長度相同的單擺，再並列綁在同一條線上。只讓其中一個單擺抬起來（注意不要碰到其他單擺），讓單擺開始擺動。接下來，觀察這些單擺的擺動狀態。

交錯並列 2 組長度不同的單擺，讓其中一個開始擺動的話……

先製作出2個長度相同的單擺後，再改變長度設定，另外製作2個長度相同的單擺，以交錯的方式並列綁在同一條線上。只將其中一個單擺抬起來（注意不要碰到其他單擺），讓單擺開始擺動，觀察這些單擺接下來的擺動狀態。

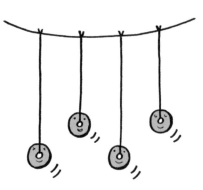

實驗前，先預測單擺會產生什麼樣的擺動方式。接著，在和實際的結果，也就是擺動的狀態進行比較。

若看不太出來單擺的狀態變化，就重複進行幾次同樣的實驗！
當掛線設定在同樣長度時，務必要準確地測量後再開始。

統整 · 歸納 · 結論

是 不是已經發現單擺擺動的法則了呢？

單擺來回擺動1次的時間，就稱為「週期」。週期的大小則取決於掛線的長度。單擺掛線長度相同，不會受到懸掛物重量與擺幅影響，週期都會固定。鐘擺時鐘與節拍器就是利用單擺的特性所製成。

單擺的週期取決於掛繩長度，其他具備單擺性質的事物，也會擁有規律的擺動節奏。如搭配良好擺動幅度的盪鞦韆，開始擺盪後，不太需要出力就能維持高度，就是因為鞦韆擺動節奏與身體擺動節奏一致的緣故。這是單擺週期會以震動方式傳遞給另一個單擺的共振原理所產生的效果。

嘗試玩玩看單擺共振原理變的魔術，並把魔術結果加進實驗的結論當中吧！

節拍器

更多的
實驗 & 觀察

■ 用念力就能讓單擺動起來 ?!

這是單擺共振原理變的魔術。先準備好不同長度的單擺，讓想要產生擺動的單擺接收搖晃的力量，就能讓單擺開始動囉！

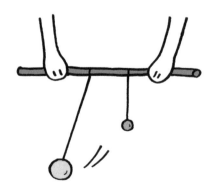

一邊喃喃自語「左邊的球動起來」，一邊放送念力。如此執行後，左邊的球開始擺動了嗎？

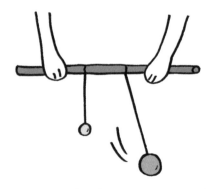

一邊喃喃自語「右邊的球動起來」，一邊放送念力。如此執行後，右邊的球開始擺動了嗎？

這個魔術要做好兩個長度明顯不同的單擺。只要對期待產生擺動的球傳送細微搖晃力量，就可以讓球開始擺動囉！

石蕊試紙的變色實驗

在一開始〈把硬幣變得 bling bling〉的研究中，
已經知道酸性物質能清潔硬幣，讓硬幣閃閃發亮了。
不過，所謂的「酸性」到底是什麼意思呢？
利用石蕊試紙調查家裡有哪些物品屬於酸性的吧！

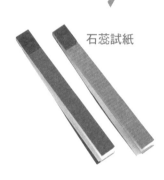

石蕊試紙

利用「石蕊試紙」做實驗囉！

用石蕊試紙可以測出水溶液是酸性、鹼性，還是中性。石
蕊試紙分為紅色及藍色兩種，讓石蕊試紙沾取水溶液，就
能透過試紙顏色變化，得知物質的酸鹼性。

石蕊試紙的使用方法

將試紙一張張撕開，再用吸管汲取少量水溶液，滴個1
～2滴在試紙的前端。當藍色石蕊試紙變紅、紅色石蕊
試紙不變，就能判斷水溶液為酸性。當紅色石蕊試紙
變藍、藍色石蕊試紙不變，就能判斷水溶液為鹼性。
若兩種試紙都沒變色，水溶液則屬於中性。

紅色石蕊試紙變藍色→鹼性
藍色石蕊試紙變紅色→酸性
紅藍石蕊試紙都沒變→中性

研究重點看過來

　水溶液指的是某種物質溶於水中後的液體。這
次的實驗不僅容易進行，也會讓人對於水溶液的
性質愈來愈有概念。對了，藥局就可以買到石蕊
試紙囉！

1 ▶▶▶ 常見水溶液的酸鹼性

利用石蕊試紙測試像是調味料、果汁、洗衣精、洗髮精等容易取得的物品，
檢查看看它們是酸還是鹼。記得記錄水溶液的味道、氣味，並預測酸鹼後，
再開始實驗吧！

準備材料 紅色和藍色的石蕊試紙、想要調查屬性的液體、小碟子、紙杯、吸管

調味料與飲料的測試

在小碟子中裝少量調味料、飲料，再用吸管吸一些溶液分別滴在紅色石蕊試紙與藍色石蕊試紙上，並觀察試紙的顏色變化。每次更換液體時，都要把吸管與小碟子清洗乾淨，避免液體殘留影響結果。

醋　　　醬油　　　柚子醋

果汁　　優酪乳　　牛奶　　烏龍茶　　檸檬汁

〈例〉

品名	味道	藍色石蕊試紙	紅色石蕊試紙	結果
檸檬汁	酸酸的			酸性
醬油	⋮	⋮	⋮	⋮

將實驗結果整理成簡潔易讀的表格，不只要把實驗前的預測和預測時品嘗到的味道記下來，當然也要把測試結果（酸或鹼）寫進表格。最後，等到試紙完全乾燥後，再把試紙貼在表格上。

洗衣精與洗髮精的測試

由於洗劑不可食用，所以預測時要用嗅聞的方式進行。接著，用紙杯裝取液體，再用吸管滴在試紙上。每次更換液體都要把吸管洗乾淨。紙杯則是一種液體使用後，就直接丟棄換新的。

廁用清潔劑　　肥皂水

註 洗劑類的液體絕對不可食用，測試時，務必在家人陪同下實驗。另外，也必須遵照瓶身標示的使用方式使用。

製作和先前調味料與飲料實驗的同樣表格，也要預留能記錄成分的空間，把洗潔劑的成分一起記錄下來。

尋找更多可以測試的水溶液。像是去泡溫泉時，用寶特瓶裝些溫泉水。或接一點雨水，測試到底是不是酸雨呢！

② ▶▶▶ 石蕊試紙可以自己做?!

什麼東西可以做出測試酸鹼的石蕊試紙啊!

利用紫色高麗菜所釋放出的紫色液體,來嘗試製作吧!

準備材料 紫色高麗菜、菜刀、砧板、鍋子、金屬濾網、不織布濾網、大碗、吸墨紙、剪刀、鑷子

石蕊試紙的製作方法

❶ 將紫色高麗菜洗乾淨後,切成細絲狀。

❷ 在鍋中放入紫色高麗菜絲與水,開火煮一陣子(煮到沸騰後,再等待10～20分鐘左右)。

❸ 關火。再將不織布濾網放在金屬濾網上,把煮紫高麗菜的水過濾至大碗中。

❹ 用剪刀將吸墨紙裁剪成石蕊試紙大小。

❺ 用鑷子夾住步驟❹剪好的吸墨紙,並浸泡在紫色高麗菜水中,讓高麗菜水完全滲透紙張。

❻ 以陰乾方式讓吸墨紙完全乾燥,就完成囉!

❼ 參考【研究1】的步驟,依序將各種液體滴在手工試紙上,並觀察試紙顏色變化。

將實驗結果以表格記錄,並且將手工石蕊試紙貼在表格上。記得在表格外也要貼一張未沾取液體的試紙,做為實驗對照組。

除了紫色高麗菜之外,用茄子皮或葡萄皮當材料,同樣可以製作石蕊試紙喔!

傳治郎老師指導
統整 · 歸納 · 結論

　　平常所使用的物品或食物，都有各自的酸鹼性。實際測試完成之後，一定要試著以自己的話整理結論喔！此外，也可以調查大自然物質的酸鹼性為何。

　　有時，一樣的東西不見得屬性相同，例如「土壤」。學校裡的土壤、農田裡的土壤、山上的土壤等，把這些土壤分別溶於水裡，再利用石蕊試紙測試吧。當然，搞清楚土壤種植什麼植物，也有助於酸鹼性的判斷與預測。

　　知道這些日常物品屬於酸性或鹼性後，不妨再調查這些物品各自的用途是什麼，或適合什麼場合使用才對生活有最好幫助，或什麼場合與情況使用易造成危險等，把酸鹼性延伸下去，實驗會變得愈來愈好玩。

科學知多少?! ❼

■ 猜猜看，是「酸」還是「鹼」！

這些東西是屬於酸性、鹼性，還是中性呢？下列這 5 項物品幾乎是每個人都品嘗過的，猜猜看，它們分別屬於哪一種性質吧！（參考答案：酸性／弱酸性／中性／弱鹼性／鹼性）

❶ 酸梅

❷ 糖水

❸ 熱可可

❹ 眼淚

❺ 海水

解答：①→酸性、②→中性、③→弱酸性、④→弱鹼性、⑤→弱鹼性

83

用磁鐵進行的實驗

冰箱門最方便的裝飾，就是琳瑯滿目的磁鐵了，不知道為什麼磁鐵就是會牢牢地吸附在冰箱門上！那麼，除了冰箱門外，磁鐵還能吸住什麼呢？有沒有金屬以外的東西，能夠讓磁鐵吸住呀？

讓磁鐵吸附的東西有哪些？

拿著磁鐵去吸吸看各式各樣的東西吧！有些東西牢牢地被吸住、有些東西吸力很微弱，有更多東西是無法被磁鐵吸住的。那些能讓磁鐵吸住的東西共通點又是什麼呢？

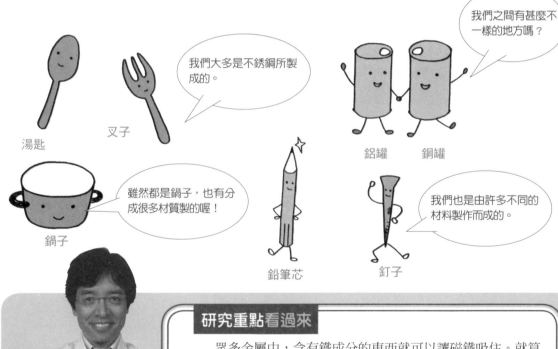

我們之間有甚麼不一樣的地方嗎？

我們大多是不銹鋼所製成的。

湯匙　　叉子

鋁罐　　鋼罐

雖然都是鍋子，也有分成很多材質製的喔！

鍋子

我們也是由許多不同的材料製作而成的。

鉛筆芯　　釘子

研究重點看過來

　　眾多金屬中，含有鐵成分的東西就可以讓磁鐵吸住。就算有電流通過，還是有很多東西沒辦法讓磁鐵吸住。
　　除此之外，磁鐵還具備哪些特性呢？這次就使用馬蹄磁鐵與棒狀磁鐵來實驗吧！

實驗 ①　▶▶▶ 調查磁鐵的吸附方式

這次要先調查馬蹄磁鐵與棒狀磁鐵在吸附物品時，會以什麼方式吸住物品？
還有，不管磁鐵任何部位，都能發揮同樣吸力嗎？把磁鐵靠近體積較小的物
品，觀察磁鐵各處的吸力吧！

■ 準備材料　馬蹄磁鐵、棒狀磁鐵、鐵絲、小迴紋針、剪刀、夾鏈袋

將磁鐵靠近剪成小段的鐵絲……

把1～2根鐵絲剪成許多小段，再讓磁鐵靠近這些鐵絲。
接下來，會出現什麼樣的情形呢？觀察這些鐵絲會吸附在磁鐵的什麼部位吧！

> 這個位置不會吸附
> 迴紋針嗎？

將磁鐵靠近迴紋針……

準備一小把小迴紋針，並將磁鐵靠近這些迴紋針。
迴紋針會以怎麼樣的方式，吸附在磁鐵上？

> 這裡吸附了好多
> 迴紋針啊！

> 把磁鐵吸附鐵絲與迴紋針的模樣拍下來。使用有色彩
> 的迴紋針，不僅看得更清楚，拍起來也會很好看唷！

> 仔細觀察鐵絲與迴紋針吸附在磁鐵上
> 的狀態，再把觀察到的事記下來。

收集鐵砂

鐵砂是由鐵或氧化的鐵所形成的砂狀物，用磁鐵就可以收集喔！
趁著去沙灘的機會，把磁鐵放入沙裡，觀察鐵砂會集中在什麼位置。
收集鐵砂時，先用翻面的夾鏈袋把磁鐵包起來，等到鐵砂都吸附住了，再把夾鏈袋翻回正面
並挪開磁鐵，就能把鐵砂收在夾鏈袋裡了。鐵砂在【實驗2】會派上用場喔！

就算嘗試多次，磁鐵的有些位置就是沒辦法吸住東西。如果故意把鐵絲、迴紋針、鐵砂靠
近那些位置，結果會如何呢？
另外，迴紋針之間之所以會吸附在一起，是因為連迴紋針也變成了磁鐵的關係。
如果迴紋針與磁鐵分開了，還能保有磁鐵特性嗎？

② ▶▶▶ 加點鐵砂就能找到「磁力線」？

在同一個磁鐵當中，有些位置能發揮強大吸力，有些位置則完全「沒力」。那強大的磁力又是往什麼方向作用呢？用【實驗1】收集到的鐵砂，進行磁力線實驗吧！

將鐵砂放在透明塑膠片上

準備材料 鐵砂、透明的塑膠片（如資料夾或 CD 盒）

將鐵砂撒在透明塑膠片上，並用手指隨意推開。再把磁鐵放在有塑膠片下方，鐵砂就會受磁力的影響，展示出磁力線的形狀。觀察到磁力線的樣子了嗎？

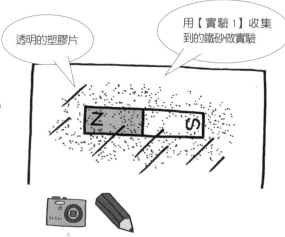

透明的塑膠片

用【實驗1】收集到的鐵砂做實驗

將磁力線的模樣畫下來外，也要拍照記錄。為了看起來更清晰，記得在下方鋪張白紙，從鐵砂的正上方拍攝。

使用 PVA 膠水

準備材料 鐵砂、磁鐵、水、紙杯、木筷、保麗龍盤、PVA 膠水

這次要用在製作史萊姆黏土時，也會用到的PVA膠水，來觀察磁力線。

❶ 將PVA膠水倒入紙杯裡，再加入大約4倍的水稀釋。

❷ 將鐵砂倒入步驟❶中，再用木筷將鐵砂攪拌均勻。

❸ 將磁鐵放在白色的保麗龍盤上，再將步驟❷直接倒入保麗龍盤中。

❹ 此時，磁力線就會出現啦！

不要倒入太多鐵砂。

將磁力線的模樣畫下來，並同時拍照記錄。

鐵砂有均勻地擴散，便能呈現出漂亮的磁力線。如果在保麗龍盤放2塊磁鐵，磁力線又會是什麼模樣呢？另外，把步驟❷倒入透明瓶，並把磁鐵放進去，就可以看見立體的磁力線了！

傳治郎老師指導
統整 · 歸納 · 結論

 磁　鐵具有N極與S極，而這兩極會互相吸引。磁力線正是展現兩極互相吸引時的狀態。

當磁鐵吸附了許多迴紋針時，就連沒有接觸到磁鐵的迴紋針，也可以變成磁鐵，由此可知，金屬能輕易地變成磁鐵。雖然將迴紋針從磁鐵取下後，就會失去磁力，不過，大部分的金屬卻還是能維持一定的磁力。

我們可以用磁鐵來製造磁鐵。準備一段鐵絲，將一半鐵絲在磁鐵的某一極，以同樣方向摩擦幾次，那麼這半鐵絲就會變成與磁鐵相反的極。另一半沒有被磁鐵摩擦的鐵絲，則會變成與磁鐵摩擦端同一極。這時，就算鐵絲與磁鐵分開，磁力還是能持續發揮作用。

磁鐵種類很多，而且具有不同性質。接下來就用〈日常研究室22〉讓磁鐵的實驗發展下去吧！

更多的 實驗＆觀察

■ 利用磁鐵變魔術

試著用磁鐵來變魔術吧！雖然原理非常簡單，但看到魔術的人一定會覺得很不可思議唷！

準備材料　繪圖紙、橡膠磁鐵板、鐵砂、雙面膠

❶ 將橡膠磁鐵板裁切成一小塊一小塊，然後排成想要呈現的文字或圖案，以左右顛倒的方式用雙面膠貼在繪圖紙上。

❷ 把繪圖紙翻過來，把鐵砂撒在沒有黏貼橡膠磁鐵塊的那面。

❸ 稍微搖晃一下，鐵砂就會呈現出想要的文字或圖案了。接著，再把繪圖紙立起來，讓多餘的鐵砂掉落。

磁鐵都是指南（北）針?!

聽說指南針也屬於磁鐵的一種，
這麼說來，磁鐵真的分成好多種喔！
生活中，還有哪些磁鐵的類型呢？
靠自己也可以做出強而有力的磁鐵嗎？

所有磁鐵都是指南針?!

吸引金屬的磁鐵和顯示方位的指南針都是磁鐵。那麼，馬蹄磁鐵或棒狀磁鐵也能指示南北位置嗎？直接來驗證「指南針所指的北方，與其他磁鐵N極所指的方向」是否一致吧！

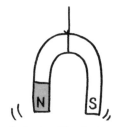

＊把馬蹄磁鐵吊起來
用線把馬蹄磁鐵吊起來，讓磁鐵自由轉動，會出現什麼結果呢？

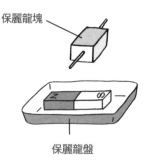

保麗龍塊

保麗龍盤

＊讓棒狀磁鐵浮在水面
用前面說過的方法，將鐵絲穿過保麗龍塊，再把放有棒狀磁鐵的保麗龍盤一起放在水面，會出現什麼結果呢？

研究重點看過來

　　無論指南針、馬蹄磁鐵或棒狀磁鐵都具有磁鐵特性。指南針只把磁鐵做成比較容易擺動的外型而已。
　　試著把磁鐵靠近指南針，會發現指南針頻繁擺動。如果附近沒有磁鐵，指南針還會如此嗎？這次就更深入研究磁鐵的各種特性吧！

① ▶▶▶ 讓指南針出錯的環境或東西

一般來說，指南針不管拿到哪裡，N極永遠都會指向北方。但周遭有其他磁力，
擺動就會受到影響。利用指南針找出哪裡是具有磁力的地方吧！

註 勿把磁鐵靠近有磁條的卡片，或長時間放置在手機、電器產品附近。

準備材料 指南針

家裡

開啟或關閉電視電源，指針會受影響嗎？

電視附近（開啟或關閉電視電源）

  冰箱圖

插座附近　　　電子鍋上方　　　冰箱附近　　　手機上方　　　電腦旁

戶外

高壓電線下　　　　　河川旁　　　　鐵路附近（電車行經時？）

〈例〉

場所	指南針是否擺動	狀態描述
電子鍋上方	○	出現些微地擺動
插座附近	⋮	⋮

打開或關閉電器的電源時，指針會有任何變化嗎？

當指針出現強烈擺動時，最好在指南針下方墊放一張有實際方位的紙一起拍。

將實際調查的場所與結果製作成表格，指針狀態也要一併記錄。

這些讓指針強烈擺動的場所有什麼共通點呢？電流與磁鐵間又有什麼樣的關聯呢？

②▶▶▶ 用電流把鐵變磁鐵吧！

根據前一個實驗，已經得知電流會產生磁力了。那麼，是不是也可以利用電流來做磁鐵呢？利用纏繞多圈銅線的線圈與電池，來做電磁鐵吧！

準備材料 銅線、粗吸管、長釘子、附有開關的電池盒（1 號電池專用）、1 號電池、迴紋針

❶ 把吸管剪成比釘子稍短的長度。用銅線纏繞吸管50圈，製作線圈。線圈的兩端預留銅線，才能連接電池盒。

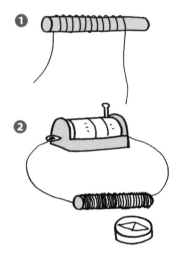

❷ 將電池盒連接在步驟❶的線圈兩端，在電池盒中放入電池，並打開開關。此時，把指南針靠近線圈會出現什麼反應呢？
接著，把電池盒開關反覆開關，指南針狀態又會如何？通了電的線圈究竟會不會變成磁鐵呢？

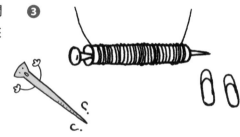

＜接下來，還可以繼續進行的實驗！＞

❸ 把釘子放進纏繞銅線的吸管中，再打開電池盒的開關。這麼一來，釘子也會變成磁鐵嗎？用迴紋針來驗證看看吧！

＜例＞

	線圈旁的指南針	在線圈中的釘子	從線圈中取出的釘子
有通電	指針會產生擺動	迴紋針……	⋮
不通電	⋮	⋮	⋮

把銅線纏繞在吸管上的模樣拍下來。另外，記得從正上方拍攝迴紋針被線圈吸引的景象。

比較電池盒的電源開啟時或關閉時的狀態，並製作表格記錄。

除了用銅線外，也能用搓成細線狀的鋁箔紙做出線圈。想想看，如果改變銅線纏繞圈數，磁力會有所改變嗎？

傳治郎老師指導
統整 · 歸納 · 結論

★利 用電流製成的磁鐵稱為電磁鐵。相對於只有通電時才有磁力的電磁鐵，不管是否通電都有磁力的磁鐵，就稱為永久磁鐵。像馬蹄磁鐵、棒狀磁鐵與指南針都是永久磁鐵。

電磁鐵實驗中，電流通過時，線圈也會變成磁鐵，這是因為線圈中的磁力線發揮作用。

永久磁鐵的磁力可以用來通電。只要利用電與磁鐵的組合，就能發電或做成馬達等機器。不過，連不會被磁鐵吸引的鋁箔紙，也能藉由通電來變磁鐵，是不是覺得很不可思議呢！

參考〈日常研究室14〉〈日常研究室21〉來深入了解電與磁鐵間的關聯，發展出更多有趣的研究吧！

線圈也具有磁力喔！

更多的
實驗&觀察

■ 利用線圈與磁鐵製作馬達

讓電流流經線圈製作的電磁鐵，並利用線圈與下方永久磁鐵的相斥作用，使線圈轉動。這個實驗能學習到馬達發電的原理喔！

▎準備材料 銅線、砂紙、迴紋針、乾電池（1 號與 3 號各一顆）、膠帶、鐵氧體

❶ 纏繞3號電池6～10圈，做成線圈，再用預留在兩的銅線，把線圈綁緊，避免鬆脫。利用砂紙磨掉兩端銅線包漆，其中一端磨掉一半，另外一端則全部磨掉。

❷ 用膠帶把迴紋針黏在1號電池上，牢牢固定。

❸ 將步驟❶的線圈兩端放進迴紋針裡。在桌上放鐵氧體，手拿乾電池讓線圈靠近鐵氧體。這麼一來，線圈就會開始轉動。
註 過程中線圈可能會發熱，請多加留意。

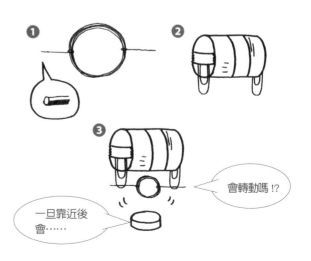

會轉動嗎 !?

一旦靠近後會……

空氣膨脹的研究

沒開封的袋裝零食放在車裡，袋子竟然鼓起來！
是因為這幾天的天氣很熱，氣溫太高的關係嗎？
不曉得空氣是不是會隨著溫度變化而膨脹或縮小？
明明是被密封住的空氣，為什麼會出現變化呢？

在這裡發現膨脹的空氣！

有看過空氣因外在溫度改變而膨脹的模樣嗎？
在下列這些時候，空氣會呈現出什麼樣的狀態啊？

* 用微波爐加熱時
在餐具上覆蓋保鮮膜，放進微
波爐裡加熱。微波完畢要取出
餐點時，才發現保鮮膜圓鼓鼓
地整個脹起來了！

* 豔陽高照的沙灘
在日正當中的沙灘上放顆氣
不太足的沙灘球。過一段時
間再看到時，沙灘球已經鼓
起來了！

* 在浴缸裡
把吹飽的氣球放進浴缸裡，
一會兒後發現氣球變得更鼓
了！

研究重點看過來

應該都有聽過別人說「空氣膨脹了」吧！
不過，若是讓空氣冷卻下來的話又會如何呢？
此外，膨脹的空氣又具有哪些特性呢？
接下來是一連串與膨脹空氣有關的實驗喔！

① ▶▶▶ 把空氣加熱或冷卻會如何呢？

若是把空氣加熱之後，空氣真的會膨脹嗎？

那等到空氣冷卻下來後，又會發生什麼變化呢？

接下來就用寶特瓶來做實驗並仔細觀察吧！

準備材料 寶特瓶、氣球、熱水、冰塊、較深的容器2個（可以放入寶特瓶的大小）

把氣球套在寶特瓶的瓶口上……

容器中的水溫變化，也要一併記錄下來。

● **浸泡在熱水中**
將寶特瓶放入裝滿熱水的容器，套在瓶口的氣球會產生什麼變化呢？

● **浸泡在冰水中**
將寶特瓶放入裝滿冰水的容器，套在瓶口的氣球會產生什麼變化呢？

註 要用熱水時，要在大人陪同下進行，以免燙傷。

〈例〉

	溫度	狀態
浸泡在熱水中	○°C	⋮
浸泡在冰水中	○°C	⋮

把氣球開始變化或逐漸變化的狀態拍下來。一開始剛套在寶特瓶上時也要拍喔，之後才能做比較。

一定要將氣球變化的狀態記錄下來。此外，也要測量當天的氣溫，和熱水與冰水的溫度，並做記錄。

當熱水溫度開始下降，或冰水溫度開始上升，氣球會產生什麼變化呢？思考一下，為什麼氣球會有這些變化吧！

②▶▶▶ 空氣熱了，氣球就飛起來了！

加熱的空氣是否會變輕？以黑色袋子裝入空氣，再用陽光讓袋裡的空氣加溫，觀察空氣會不會因為變輕而飛起來。

準備材料 黑色塑膠反光布 2 張（3X3m 以上、在園藝店可以買到）、透明膠帶、塑膠繩、吹風機或電風扇

氣球的製作方法

❶ 用透明膠帶把2張黑色塑膠反光布的三個邊牢牢黏住，不留一絲空隙。

❷ 將剩下一邊的兩個對角黏在一起，形成一個大三角錐型，稍微留一點空隙，讓空氣能進入。

❸ 在開口綁上塑膠繩，並用吹風機（冷風）或電風扇將空氣送入塑膠袋內後，再將開口封緊，就完成氣球了。

❹ 把氣球放置在陽光充足的地方。可以用手抓著塑膠繩或將塑膠繩綁在把手、磚塊等不會移動的物體上，等待一段時間。

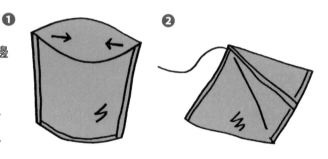

註 不要選擇風大的日子進行實驗。另外，也要注意別中暑了。

〈例〉

時間	10 分鐘後	30 分鐘後	1 小時後
飄起來的高度	⋮	⋮	⋮
氣球的狀態	輕飄飄的擺動	有時候會飄起來	⋮

把實驗當天的天氣與氣溫都記下來。氣球飄起的高度與花費時間等，都要一併測量記錄。

用相機在氣球還沒飄起來前與完全飄起來後的狀態拍下來。

盡量把氣球做得輕一點。雖然為了不讓空氣溢出，必須將塑膠布牢牢貼緊，但用太多膠帶，可能會讓氣球過重。找一個空曠的地點，在進行試飛喔！

傳治郎老師指導
統整 ・ 歸納 ・ 結論

★ **這** 次是進行讓空氣加溫、冷卻的實驗。一旦溫度產生較大差異，空氣變化就會比較明顯，實驗也會變得更加有趣。就連氣球也是一樣，如果能讓從用口吹進的空氣降溫冷卻的話，氣球的變化會更快速。

曾經觸摸過膨脹的空氣嗎？在這次的實驗中，不要光用看的，也要用雙手實際感受一下。一按壓下去，便會立即回彈的飽滿狀態，能讓人感受到能量的存在呢！

空氣分子一經加溫，就會變得比較活潑，進而產生一股向外加壓的力量，因此讓氣球膨脹起來。跟周遭空氣相比，膨脹的空氣密度較小也較輕，因此會飄浮起來。

一旦空氣冷卻，會恢復遲緩狀態，而被周遭空氣壓了下來。周遭存在的空氣便是大氣壓力，在〈日常研究室24〉會談更多。

更多的 實驗&觀察

■ **溫度計的原理**

據說，發明溫度計的是義大利科學家伽利略伽利萊（Galileo Galilei）。他用溫度變化會引起氣壓變化的原理，使溫度計中的液體上升、下降，以標示當下氣溫。就利用伽利略空氣溫度計的原理，動手製作簡單的溫度計吧！

● 動手做溫度計

準備材料 寶特瓶、水、食用紅色色素、錐子、透明吸管、溫度計、油性筆

❶ 在寶特瓶中低入食用色素，製造有色水。

❷ 在寶特瓶瓶蓋上，用錐子挖一個剛好能讓透明管通過的小孔。接著，把吸管插入瓶蓋，再旋緊即可。若吸管與瓶蓋間有空隙，要用黏土或黏膠，將空隙填滿。

❸ 一旦氣溫上升，寶特瓶內空氣就會膨脹，使液體上升。參考真正的溫度計，試著在吸管上畫出刻度吧！

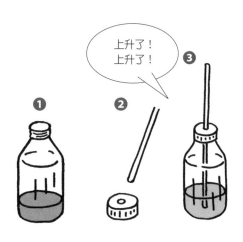

上升了！上升了！

走出戶外的氣壓研究

雖然常聽人家說「山上的空氣比較稀薄」，
但稀薄到底是什麼意思呢？明明到處都有空氣呀！
山上的空氣和山下的空氣有什麼差異啊？

親身體驗氣壓的力量！

空氣存在於四周，肉眼看不見空氣，卻隨時都承受著空氣的壓力。這次就用寶特瓶來做實驗，親身體驗平常感覺不到，卻必須隨時承受的空氣壓力（＝大氣壓力）吧！

● **將瓶子倒置時水會停止流動！**
在寶特瓶裡裝水，再將寶特瓶倒放在大杯子裡。一開始寶特瓶的水會不斷流出，但再稍等一會兒後會……?!

● **水不會從小洞裡溢出來！**
在寶特瓶上挖個小洞，先用手指按住洞孔，在把寶特瓶裝水（水位要比小洞位置高）。嘗試把手指放開，水會立刻從小洞溢出來，不過，如果蓋上瓶蓋的話會……?!

研究重點 看過來

在地表附近的大氣壓力，不只是由上往下，也會從旁傾注壓力，這也就是包圍著地球的空氣重量。不過，愈往高處，空氣會變得愈輕嗎？

實際前往高地進行實驗吧，除了步行也能利用搭纜車方式，盡量前往海拔1000m以上的高山上。

1 ▶▶▶ 上山調查氣壓的變化

實際比較山下與山上空氣氣壓的差異。山下的空氣要是到了山上會如何呢？
利用袋裝零食等道具的膨脹情形，來觀察氣壓的變化吧！

準備材料 寶特瓶、氣球、熱水、冰塊、較深的容器2個（可以放入寶特瓶的大小）

事先的準備

· 氣球
把氣球稍微吹鼓，測量大
小並記錄。

· 未開封的袋裝洋芋片

· 寶特瓶＋氣球
取下寶特瓶的瓶蓋，將尚未吹開
的氣球套住瓶口。

〈例〉

調查物品　　　　　高度	500m	1000m	1500m	2000m
袋裝洋芋片	沒有變化	⋮	⋮	⋮
氣球	⋮	⋮	⋮	⋮

把準備好的物品一開始的狀態拍下來。上山
路途若看到高度標示就稍作停留，並在標示
牌旁拍下物品當時的狀態！

爬山時要觀察物品的狀態變化，並記錄。
最好能一併將觀察地點的標高記錄下來。

這個實驗要爬到山上才能進行，不太可能有機會重做，所以登山途中注意別將氣球、零
食袋弄破，或讓寶特瓶上的氣球脫落。帶把尺和布尺在身上，更方便測量。從這次實驗
結果，觀察氣壓出現什麼變化吧！

實驗 2 ▶▶▶ 下山調查氣壓的變化

在山上的空氣，到了山下會有什麼變化呢？
帶著空寶特瓶上山，裝滿山上空氣後，再拿下山並觀察變化。

準備材料 空寶特瓶數個（盡量不同種類）、氣球、水、水桶

❶ 在高山上把空寶特瓶的蓋子打開，
   裝入山上空氣。

❷ 將瓶蓋牢牢旋緊。

❸ 將3～5個不同種類的寶特瓶以同樣
   方式裝入山上空氣。由於每個寶特
   瓶材質都不同，可能會影響結果，
   所以要多準備幾個備用。

> 將準備完成的寶特瓶與山上景色一起拍照吧！

下山後的實驗

❶ 在蓋緊瓶蓋的狀態下，把寶特瓶倒置在
   裝了水的水桶裡。

❷ 一邊維持寶特瓶直立倒置，一邊在水中
   打開瓶蓋。

❸ 在水中再度旋緊瓶蓋，並將寶特瓶從水
   中取出。

❹ 確認寶特瓶內有沒有進水。

> 實驗記錄要包含水桶裡的水量、實驗的場合、
> 寶特瓶的變化等，記得愈詳細，更容易進行比
> 較喔！

> 依寶特瓶材質不同，瓶身凹陷程度也
> 會有差異。把寶特瓶放入水中時，要
> 是與周遭氣壓相同壓力的空氣進入瓶
> 中，壓迫水面的空氣壓力就會與寶特
> 瓶中釋放的空氣壓力達成平衡，如此
> 一來，瓶內就不會進水。
> 要是寶特瓶進水了，看會是什麼原因
> 造成的呢？

> 從一開始裝著山上空氣的寶特瓶，到整個實驗
> 過程，都要記得拍下來，再搭配文字記錄進行
> 統整。

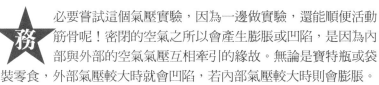

務 必要嘗試這個氣壓實驗，因為一邊做實驗，還能順便活動筋骨呢！密閉的空氣之所以會產生膨脹或凹陷，是因為內部與外部的空氣氣壓互相牽引的緣故。無論是寶特瓶或袋裝零食，外部氣壓較大時就會凹陷，若內部氣壓較大時則會膨脹。

在爬山時，如果感受到空氣變得稀薄，或身體有哪裡不太一樣的話，記得一併記錄下來。此外，也要記錄山下與山上的氣溫。

在〈日常研究室23〉做的簡易溫度計，就是利用氣溫上升會使氣壓連帶上升的原理製作而成，換句話說，也可以當作氣壓計來使用。

颱風來襲時，不妨利用手工做的溫度計，同步測量溫度與氣壓，再對照氣象預報的實際氣壓，就能更進一步感受大氣壓力時刻都存在身邊了。

這次的實驗在搭飛機時也會產生同樣現象，有機會搭飛機的話，也要趁機觀察唷！

更多的 實驗& 觀察

■ **在山上煮水**

爬到高山之後，試著在山上煮水吧！
平常要讓水沸騰的溫度是 100℃，但若身處山上低氣壓環境，
要幾度才能使水沸騰呢？

準備材料 煮水的器具（瓦斯爐、鍋子等）、水、棒狀溫度計

註 攜帶煮水器具時，請由大人陪同。此外，煮水時請小心燙傷。

等到水煮滾沸騰，再用溫度計來測量溫度！

在山上煮碗泡麵，不知道味道如何呢？

氣壓較低時，沸騰所需的溫度也會變得比較低。
在密閉容器中裝熱水，等內部氣壓變低，就會開始沸騰！

附錄一

科學用語
解說

這裡要介紹書中曾出現過的科學用語，也是常會在生活中會用到或聽到的，是值得深入研究的事物。

把下列解說加到實驗的結論中，或在導出實驗結果時作為參考吧！

☆酸性與鹼性

　　酸性或鹼性是指物質溶於水（水溶液）後所呈現的屬性。

　　像是醋與檸檬汁等放入口中能品嘗到酸味的就屬於酸性。若草經燃燒的灰燼放入水中嘗起來有苦味的就屬於鹼性。介於酸鹼之間的就是中性。

　　酸性與鹼性是以 pH 值來判定。pH 值把酸鹼性質分為 0～14 等級來表示強弱。pH 7 為中性，以下偏酸性，且數值愈小強度愈高，超過則偏鹼性，且數值愈大強度愈高。

※ 不清楚水溶液為何，千萬不要隨意放入口中。

用石蕊試紙可以測出水溶液是酸性、中性或鹼性。

☆表面張力

　　液體表面會試圖達到能量最低的狀態，這個力量就稱為表面張力。

　　由於液體中的分子互相牽引拉扯，會導致液面呈現球狀，如車子引擎蓋上的雨滴、自傘面滴落的水滴等，就是受到表面張力的影響。

　　不過，溫度愈高表面張力會愈弱，這是因為溫度一旦升高，液體中的分子活動就會變活潑，而使得分子之間拉扯牽引的力量減弱的緣故。

把杯子裡的水裝滿，在水的表面會呈現微微凸起的狀態，就是受到表面張力的影響。

☆振動

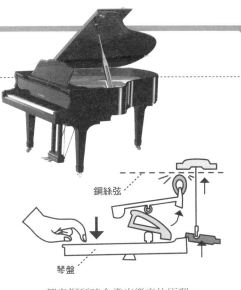

振動是指物體或聲音彼此碰撞時所產生的搖晃。依人類感官來分類的話，振動可以分為視覺、觸覺、聽覺的振動，搖晃的速度與大小皆不相同。

聽覺上的振動以鋼琴為例，藉彈奏琴鍵牽動鋼琴裡包著絨氈的小木槌，進而敲擊鋼絲弦發出聲音。彈奏鋼琴時，鋼絲弦的振動會造成空氣的震動，形成聲音後傳到耳裡。

觸覺與視覺的振動就更常見了，像是手機震動或按摩工具運作時的感受。

鋼絲弦

琴盤

彈奏鋼琴時會發出樂音的原理。

☆味覺

味覺是動物所具有的感官之一。一般而言，人可以感受到「鹹」「酸」「苦」「甜」「辣」等味道，並在各種搭配組合下形成味覺。

舌頭上的味蕾細胞，可接收溶解在水或唾液中的食物刺激，再將味道傳到大腦，讓我們感受味覺。要是仔細觀察舌頭表面，就可以看到舌上一點一點的舌苔，這就是味蕾。

☆毛細現象（毛細管作用）

所謂的毛細現象是指液體不受重力影響，而會朝向細管狀空間前進的現象。毛細現象又與液體表面張力、固體及液體的溼潤程度、毛細管的直徑等三者有密切關聯。

在裝有水的器皿中，插入一支玻璃管，此時玻璃管中的水會沿著管壁的邊緣稍微上升，因此管內的水面會比管外的水面來得高。

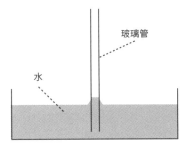

玻璃管

水

玻璃管內的水會沿著管壁稍微上升。

☆浮力

浮力指的是讓物體浮起來的力量。

泡在浴缸裡時，會感覺自己身體好像變輕了，這就是浴缸裡的水會發揮浮力，使身體向上浮，彷彿變輕了一般。只要出了浴缸、浮力消失，就會恢復原來的重量。上述的浮力法則，是阿基米德在泡澡時發現的。

有些生物經常會利用浮力活動，如「蜻蜓點水」就是指觸碰到水面的蜻蜓，借助浮力所發生的現象。承受蜻蜓重量的水面會產生反彈的力量，而蜻蜓正是透過這樣的力量，自由自在地在水上飛舞的喔！

人在游泳池中會浮起來，正是受到浮力的影響。

☆摩擦力

摩擦力是指兩個表面接觸的物體滑動時所產生的力量。當正在移動的物體靜止下來，或原本靜止的物體開始動作時，便會產生摩擦力，如小提琴就是透過琴弓與琴弦的摩擦而發出樂音。

平時走在路上能自由地移動，正是道路與腳底發生摩擦的緣故。換句話說，在冰面上很難自由移動，則是冰的性質不容易發生摩擦。可見摩擦力在日常生活當中扮演不可或缺的角色。

弦樂器幾乎都是藉由琴弓與琴弦的摩擦發出樂音。

☆大氣壓力

整個地球都被氣體（空氣）包圍，所謂的大氣壓力（氣壓）就是空氣的重量，在天氣預報中常會聽到這個名詞。

空氣分子緊密聚集時「氣壓較高」，空氣分子較少時則「氣壓較低」。在高度較高的地方，由於往上的空氣量少，因此氣壓較低，愈接近海平面的空氣量愈多，氣壓也比較高。搭電梯偶爾出現耳鳴現象，正是因為周圍氣壓急遽變化的緣故。

☆ 腐蝕

腐蝕指因為化學反應導致物品外表損壞、機能下降的現象，最具代表性的腐蝕就是「生銹」了。當金屬接觸到鹽水，就會發生化學反應，以致表面形成破損、缺陷、脆化。

另一方面，食物也會因長時間放置而腐敗，這多半是因為黴菌與其他細菌在食物中繁殖而造成的現象。

這是故意讓黴菌繁殖而製造的藍紋乳酪。

生銹造成鐵棒表面的金屬剝落。

☆ 固體、液體、氣體

生活中，最能清楚展現固體、液體與氣體的就是水了。水的固體是冰、液體是水、氣體則是水蒸氣，隨著溫度上升或下降，水分子會產生變化。

會隨著溫度改變的只有水的狀態而已，質量並不會變。從固體變成液體的現象稱為融化（反之則為凝固），開始融化當下的溫度稱為熔點。

另一方面，液體在沸騰時會變成氣體，當下溫度稱為沸點。水的沸點為 100℃，凝固點為 0℃。但不同物質，沸點與凝固點也不一樣。從固體直接變成氣體稱為昇華，乾冰就是從固體變成氣體的最佳例子。

☆ 磁力

肉眼看不見、雙手也摸不到磁力，但只要用磁鐵或鐵砂，就能讓磁力現形。

磁鐵有N極與S極，兩極會互相吸引，同極則會互相排斥。指南針能顯示方位，正是因為地球有磁力發揮作用的緣故。

像電視或電腦等電器製品附近會釋放強烈磁力，若將時鐘放置在靠近電器製品的位置時，有可能會使得時間標示錯亂。

指南針是受磁力的牽引才能指明方位。

日常研究超展開！

日常研究不只要找到可以做的實驗，實驗後的統整、歸納和結論也是非常重要的一環。接下來要說的是，整個實驗從無到有的步驟。
不過，並不是所有實驗都必須依照這個方式，如果想要進行別的步驟，或想嘗試新的方法，都可以做改變或創新。

1. 決定研究的主題

進行日常研究時，決定好要研究什麼主題非常重要。**雖然實驗的準備與步驟也很重要，但最關鍵的還是「如何開始」**。一有想做點什麼的念頭興起時，記得先擬定大概的方向喔！

2. 隨意挑戰一個實驗

先隨意挑戰某個實驗，當然，從簡單的開始做起會比較好。**每個實驗會隨著當下環境、條件與操作方式，導致結果出現差異，務必多嘗試幾次。**

3. 從第 1 個實驗找靈感

第 1 個實驗完成後，不妨思考**「為什麼會出現那樣的結果」**，並從中得到下個實驗的靈感。要是第 1 個實驗沒成功，就想想**「失敗原因」**，或**「改變條件是否能成功」**。思考對整個研究將會有大的幫助。

4. 統整實驗的結果

做完幾個實驗並各有結果後，就要統整歸納，才能下結論。**統整的方法很多，要用能讓實驗結果最清楚易懂的方法。**

1. 決定研究的主題（以空氣砲實驗為例）

日常研究最難決定就是主題。因為依主題不同，
實驗方法、場所（環境）與準備材料也會有所不
同。但老是在心裡想的話，永遠也無法開始。
這時候不妨看書參考，或將日常生活感到疑惑的
事當做主題，如「靜電」「銹」「水」等，由此
進行調查，是很不錯的方法。
先決定一個大方向後，再來思考可以進行什麼樣
的實驗吧！

用空氣砲可以做
什麼實驗呢？不
如先動手做一個
空氣砲好了！

2. 隨意挑戰一個實驗

主題決定好，還要找一個想試做的實驗。舉例來說，進行空氣砲的實驗，當然就可
以從做一個空氣砲開始。完成後，記得嘗試拍打看看觸感如何。接下來，還可以做
哪些實驗呢？

該從什麼實驗開
始做起呢？

◎在家裡
製作靶心發射空氣
砲、或瞄準家裡現
有物品……。

◎利用道具來輔助實驗
對準蠟燭拍打空氣砲使火焰熄滅，或在
空氣砲中加點香氛噴霧等……。

◎走出戶外
朝樹葉拍打空氣砲，
或朝正在飛翔的蝴
蝶拍打空氣砲……。

3. 從第 1 個實驗找靈感

從第 1 個實驗的結果，思考接下來還可以做些什麼，挑戰新實驗吧！當然，要是第 1 個實驗一直不成功，就想想失敗的原因，或改變實驗條件再嘗試，也對研究有所幫助。做完第 2 個實驗，就要繼續想第 3 個、第 4 個喔！

在空氣砲箱子裡裝入線香煙霧，說不定可以看出空氣彈的形狀！

改變空氣砲開口的大小或形狀再實驗的話，應該也會很有趣吧！

4. 統整實驗的結果

實驗最後必須歸納統整出結論。所以建議把各個實驗結果做成表格或圖表記錄，看起來簡潔易懂、一目了然。用相機把實驗前後的狀態拍下來，或用彩色筆將過程畫下來，都是不錯的方法。想想看，哪種方法能最清楚呈現實驗結果，再配合實驗內容選擇適當的方式！

〈例〉 試試看！射擊 vs. 被射擊

	輕輕拍打	強力拍打
被射擊的感覺	感覺很舒服	嚇了一跳！
⋮	⋮	⋮

◎做成表格
將實驗結果用表格記錄，能更清楚地看出結論。以實驗項目來分門別類，製作簡潔易懂的表格吧！

◎用相機拍攝
把實驗前中後的狀態拍下來，增加印象，也藉此整理實驗結果。

◎圖畫的方式
相機無法捕捉到的情景，就用畫畫的方式記錄下來吧！

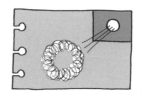

◎做成筆記
把實驗過程中的筆記直接放進結論中，也會有意想不到的效果。

這本書的體例說明

書裡滿載許多進行實驗的訣竅,與想要進一步發展時可參考的重點等,不僅在統整結果可以看,在進行實驗時也能成為範本或輔助喔。

不能錯過的聰明建議

傳治郎老師在書中的登場次數很多。在實驗開始前、進行中,與結束時都會現身。除了提醒實驗步驟,還指導「如何統整結果」。仔細閱讀老師的建議,並盡可能融入研究中吧!

研究重點看過來

　　在地表附近的大氣壓力,不只是由上往下,也會從旁傾注壓力,這也就是包圍著地球的空氣重量。不過,愈往高處,空氣會變得愈輕嗎?
　　實際前往高地進行實驗吧,除了步行也能利用搭纜車方式,盡量前往海拔1000m以上的高山上。

依寶特瓶材質不同,瓶身凹陷程度也會有差異。把寶特瓶放入水中時,要是與周遭氣壓相同壓力的空氣進入瓶中,壓迫水面的空氣壓力就會與寶特瓶中釋放的空氣壓力達成平衡,如此一來,瓶內就不會進水。
要是寶特瓶進水了,看會是什麼原因造成的呢?

傳治郎老師指導
統整・歸納・結論

　　必要嘗試這個氣壓實驗,因為一邊做實驗,還能順便活動筋骨吧!密閉的空氣之所以會產生膨脹或凹陷,是因為內部與外部的空氣壓互相牽引的緣故,無論是寶特瓶或袋裝零食,外部氣壓較大時就會凹陷,若內部氣壓較大時則會膨脹。
　　在爬山時,如果感受到空氣變得稀薄,或身體有哪裡不太一樣的話,記得一併記錄下來。此外,也要記錄山下與山上的氣溫。
　　在《日常研究室23》做的簡易溫度計,就是利用氣溫上升會使氣壓連帶上升的原理製作而成。換句話說,也可以當作氣壓計來使用。
　　颱風來襲時,不妨利用手工做的溫度計,同步測量溫度與氣壓,再對照氣象預報的實際資料,就能更進一步感受大氣壓力時刻存在身邊了。
　　這次的實驗在搭飛機時也會產生同樣現象,有機會搭飛機的話,也要趁機觀察唷!

同主題卻不同實驗間的關係

依照不同研究主題，可能會進行1～4個實驗。先挑選自己應該做得到的，或有興趣的研究或實驗來挑戰。無論如何，要仔細閱讀書中注意事項，再開始進行喔！

相機符號&鉛筆符號

書中經常出現的相機符號與鉛筆符號，是提醒大家在開始實驗前與進行實驗中，把關鍵時刻值得記錄的事拍照或筆記下來。這在統整結論或製作研究資料時，可是非常重要的參考喔。

想挑戰更多看這裡！

更多的
**實驗&
觀察**

這裡提供更多同一個研究範圍內還能繼續延伸的項目。當想擴充日常研究室的內容，或還想補充點什麼時，就可以派上用場。

想增廣見聞看這裡！

科學知多少 ?!

這個專欄是補充同個研究中的相關知識，也可以在統整結果時加進結論當中，增加研究的豐富度。透過這個專欄，可以讓人得到更多知識，為實驗增添不少樂趣！

怎麼把實驗結果做成表格呢？

統整實驗結果時，最簡潔易懂的方式就是製作表格了。但依照不同實驗內容，得仔細思考「如何安排橫軸與縱軸」，又「如何區分項目」，才能讓表格一目了然。

實驗的內容與實驗的地點、日期、時間等

像是銹與霉的實驗，必須觀察顏色變化才能得出結果，不妨利用色筆，直接在表格內畫畫吧！

〈例〉　　　　放置地點：客廳　開始時間：○月／○日／○時

	3小時後	6小時後	24小時後
水	沒有變化	沒有變化	⋮
鹽水	沒有變化	⋮	⋮
醋	⋮	⋮	⋮

在縱軸列出實驗物品或實驗項目，橫軸則標明時間或實驗物品等變化或差異。

如果畫圖比文字更能清楚呈現結果，就直接把圖畫在表格中。

將實驗的筆記運用在結論中

實驗中記錄的筆記是非常重要的資料。尤其是需要長時間觀察與記錄的實驗，有時就得靠筆記內容來增加印象。

標明實驗內容與地點、日期、時間等。

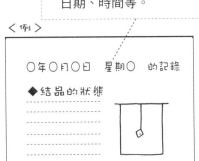

〈例〉

○年○月○日　星期○　的記錄

◆結晶的狀態

進行實驗的注意事項！

● 需要用到火的實驗，一定要在大人的陪同下進行。

● 使用家中物品時，要先取得家人許可後才能用。

● 使用清潔劑或藥品時，一定要確實閱讀使用說明，如果是不可以攪拌的物品，實驗時務必要多加留意。

● 實驗中所使用過的東西，絕對不可以食用。

勇敢踏出日常研究第一步

　　其實生活中有很多值得研究的主題，不過卻有不少人不知道應該從哪裡下著手，也不清楚該進行什麼樣的研究才好。於是，以為只有自然課本上的實驗才能做，因而錯過了很多日常中有趣的研究與遊戲。

　　雖然身旁什麼樣的主題都有，但可不是輕輕鬆鬆、毫不費力就能成功喔，還是得做好心理準備，認真下點小功夫，還有多多吸收一些科學基礎與知識，才能往成功的實驗邁進啊！

　　那到底要研究些什麼才好呢？決定主題，就是最重要的一個環節了。畢竟，光是在心裡想著「要如何去統整結論呀」「要進行什麼實驗呢」「實驗的步驟怎麼安排啊」等，只會導致研究遲遲無法真正進行。所以，先決定好一個大概方向是必要的，決定好後，再陸續進行各項研究計畫，才能往前走。

　　想想看，製作空氣砲是一項很受歡迎的遊戲之一，也可以成為日常研究的主題。即使看過別人做空氣砲，但自己不曾執行的話，這個研究只能算是完成一半。為了親手做空氣砲，要先找一個空紙箱，並學會用拍打的方式來發射空氣彈。可以朝人發射，也可以朝各種物品發射。把空氣砲帶到戶外，朝向各式各樣的東西發射空氣彈，一定會很有趣！

　　想想看，如果將空氣砲朝樹木發射的話，被擊中的樹葉就會隨之搖曳嗎？當我們離樹木愈來愈遠，從愈遠的地方拍打空氣砲，就會意外地發現空氣彈原來可以傳達到很遠的地方啊。

　　因為實驗過程而發現這個事實後，不禁會產生一些疑惑 —— 空氣彈到底能傳到多遠的地方呢？為了找到答案，便會實際測量當下的位置與樹木的距離，把空氣彈實際能傳達多遠的數據記錄下來。從中也會知道，距離目標物愈遠，空氣彈的威力就會愈弱。

然後，愈來愈深入的思考，好比距離幾公尺內空氣彈的威力最強，或距離幾公尺以外空氣彈威力會開始減弱等，像這樣讓自己繼續進行思考，衍生更多的問題，就能慢慢導出實驗結果了。

　　還能觀察其他條件對空氣彈的影響。例如，到戶外進行時，在自然風吹拂的環境中拍打空氣砲，就會得知空氣砲的力量會受風的影響而減弱。如此一來，會讓人更想知道空氣是如何從箱子裡飛出來，又會以什麼樣的形狀飛出去呢。做實驗的過程就是有這種魔力，會讓人發現愈來愈多不可思議的地方，進而將研究繼續展開。

　　不論是書中的〈日常研究室〉還是自己另外想出來的，都是像這樣把心裡想到的事，一步一步化為實際行動，進而親自動手做實驗。不親自動手嘗試，就絕對無法走出第一步。藉由動手做，就會發現更多值得注意的地方。雖然統整結論也很重要，不過千萬不要預設立場。暫時拋開困難理論，誠實地面對實驗結果再進行統整，才是最好的方式。

　　實驗就是一種必須重複做好幾次的事。因為實驗可能會失敗，或因突發事件導致必須重新來過。遇到這種情形時，還是要將實驗的結果詳細記錄下來，因為對於實驗來說，累積各式各樣的實驗結果，也是統整結論的關鍵。

　　大家都決定好屬於自己的主題了嗎？萬事起頭難，接下來就勇敢踏出第一步吧！不只要挑戰書中的〈日常研究室〉主題，還要想新主題來研究喔！

科學玩很大 ②

1 週做個生活實驗，煉出愛觀察、懂思考、勇於探索的科學腦！〔暢銷修訂版〕

作　　　　者	米村傳治郎
翻　　　　譯	林慧雯
選　　　　書	林小鈴
主　　　　編	陳雯琪

行 銷 經 理	王維君
業 務 經 理	羅越華
總 編 輯	林小鈴
發 行 人	何飛鵬
出　　　　版	新手父母出版 城邦文化事業股份有限公司 台北市中山區民生東路二段 141 號 8 樓 電話: (02) 2500-7008　傳真: (02) 2502-7676 E-mail: bwp.service@cite.com.tw
發　　　　行	英屬蓋曼群島商家庭傳媒股份有限公司城邦分公司 台北市中山區民生東路二段 141 號 11 樓 讀者服務專線: 02-2500-7718；02-2500-7719 24 小時傳真服務: 02-2500-1900；02-2500-1991 讀者服務信箱 E-mail: service@readingclub.com.tw 劃撥帳號: 19863813 戶名: 書虫股份有限公司
香港發行所	城邦 (香港) 出版集團有限公司 香港灣仔駱克道 193 號東超商業中心 1F 電話: (852) 2508-6231　傳真: (852) 2578-9337 E-mail: hkcite@biznetvigator.com
馬新發行所	城邦 (馬新) 出版集團 Cite(M) Sdn. Bhd. (458372 U) 11, Jalan 30D/146, Desa Tasik, Sungai Besi, 57000 Kuala Lumpur, Malaysia. 電話: (603) 90563833　傳真: (603) 90562833

封面設計 / 鍾如娟
內頁排版 / 李喬葳
製版印刷 / 卡樂彩色製版印刷有限公司
2017 年 09 月 26 日初版 1 刷
2023 年 03 月 02 日二版 1 刷
定價 400 元
ISBN：978-626-7008-36-2（紙本）

Printed in Taiwan

國家圖書館出版品預行編目 (CIP) 資料

科學玩很大. 2, 1 週做個生活實驗, 煉出愛觀察、懂思考、
勇於探索的科學腦!/ 米村傳治郎著; 林慧雯譯. -- 二版. --
臺北市: 新手父母出版, 城邦文化事業股份有限公司出版:
英屬蓋曼群島商家庭傳媒股份有限公司城邦分公司發行,
2023.02
　面；　公分. -- (學習力；SG0027X)
譯自: でんじろう先生のわくわく! 自由研究
ISBN 978-626-7008-36-2(平裝)

1.CST: 科學教育 2.CST: 科學實驗 3.CST: 小學教學

523.36　　　　　　　　　　　　　112000878

城邦讀書花園
www.cite.com.tw

DENJIRO-SENSEI NO WAKUWAKU! JIYU-KENKYU supervised by Denjiro Yonemura
Copyright © 2010 SHUFU-TO-SEIKATSU SHA LTD.
All rights reserved.
Original Japanese edition published by SHUFU-TO-SEIKATSU SHA LTD., Tokyo.
This Complex Chinese language edition is published by arrangement with SHUFU-TO-SEIKATSU SHA
LTD., Tokyo in care of Tuttle-Mori Agency, Inc., Tokyo through Future View Technology Ltd., Taipei.